軋空風暴

GameStop散戶起義

如何逆襲華爾街，掀起史詩級金融震盪？

THE ANTISOCIAL NETWORK

The GameStop Short Squeeze and the Ragtag Group of Amateur Traders That Brought Wall Street to Its Knees

班・梅立克——著　林怡婷——譯

BEN MEZRICH

獻給

疫情之前，

經常在柏爾斯頓街上遊戲驛站商場中流連忘返的

艾許（Asher）和艾莉亞（Arya）。

獻給

巴格西（Bugsy），感謝你長伴他們左右。

目錄 CONTENTS

第二部

作者序

華爾街最激勵人心的故事

本書是一部激動人心的敘事作品，講述華爾街史上絕無僅有的一段歷史，內容根據十數場訪談、多項第一手來源、長達數小時的證詞、上千頁文件，包括幾項法庭程序紀錄。雖然敘事中有幾起事件存在歧見與爭議，但我盡可能根據自己發掘的資訊還原當初的場景。我重新編排部分對話，也在某幾處應消息來源的要求，更改特定描述與人物姓名，以保護隱私。

雖然這些年來，我在當地遊戲驛站（GameStop）商場的走道間消磨無數小時——畢竟我成長於《小精靈》（*Pac-Man*）和《大金剛》（*Donkey Kong*）系列作品的年代，二十幾歲時對電玩遊戲相當痴迷，而我十一歲的小孩對《要塞英雄》（*Fortnite*）與《機器磚塊》（*Roblox*）裡的每個角色瞭若指掌，但是老實說，我從未想過會以這家公司為主題撰寫一本書，更別說是這家公司的股票了。就和世界各地的許多人一樣，我在疫情高峰期坐困家中，抱著驚訝之情與看熱鬧的心態，旁觀這場市場騷動，看著騷動在二〇二一年一月二十五日那一週越演越烈。一場激動人心的事件無疑正在上演：這是小蝦米對抗大鯨魚的故事，由投資菜鳥、遊戲玩家、網路酸民組成的雜牌軍，正面迎戰華爾街的一家大型避險基金公司。不過，直到我深入探究事情經過，才逐漸意識到這件事也具有更深層的重大意義；我們從居家隔離的沙發上、口罩底下、保持社交距離的角落見證的事件，是革命的第一聲槍響，威脅著顛覆我們所知的金融體制。

我越深入探究，就更加認定，這場將遊戲驛站（股票代號GME）盤前交易價格，推向一月二十八日每股五百美元新高的戰役，源頭可追溯至占領華爾街（Occupy Wall Street）運動，甚至更早以前，當時民眾對於大銀行及上一場經濟崩潰引發的浩劫充滿憤怒，但表現方式多半只是無力的示威與靜坐。在此同時，GME的飆漲也可以視為一場民粹運動的最終結果，始於社群媒體和簡化而普及的金融服務。科技削弱支撐傳統金融體制的舊有支柱，領頭者就是業界大型新秀羅賓漢（Robinhood）與數百萬位忠實使用者，其中大多是千禧世代的年輕人。

我確信這革命性的第一聲槍響絕對只是開端，這一槍直接瞄準華爾街，發射點不是大街，就是數個街區外業餘股票交易者所在的地下室。保護西裝筆挺的華爾街人士免於外界暴民的舊有支柱不再無堅不摧，改變蓄勢待發，挾帶著哲學意涵類似的加密貨幣革命。

我們無法預知這場改變將走向何處；華爾街會如何回應，社群媒體所釋放的力量能否受到控制。不過鑑古推今，憤怒所引發的革命，方向大同小異。當梁柱開始搖晃，城牆必然傾頹。

第一部

有超值投資，就有他媽更超值的投資。

——基斯．吉爾（Keith Gill）

第一章

響徹華爾街的一記警鐘

二〇二一年一月二十六日

下午四點零八分。

位於麥迪遜大道，一棟摩天大樓二十二樓的玻璃帷幕辦公室中，荒涼、空蕩、燈光昏暗，空無一人的交易桌排成一列列，了無生氣，彷彿高科技兵馬俑，椅子靠攏，彭博終端機晦暗無光。同一個地方，一年前還充滿活力；這裡正是一家勢力龐大、數一數二成功的避險基金公司搏動的心臟，現在卻悄然無聲，如同紐約所有摩天大樓辦公室一樣。

一千兩百英里外，由基地台、衛星和光纖電纜組成的循環系統仍勉力運作，聯繫著沉睡的交易中心，蓋博・普洛特金（Gabe Plotkin）所熟悉的世界正走入歷史。

不可能發生這種事。

普洛特金合身的牛津襯衫被汗水浸溼，領帶彷彿套在脖子上的絞索，隨著急遽加快的脈搏上下抽動。他早已脫下外套，披在椅子的一角，但仍汗如雨下。因為疫情，普洛特金在佛羅里達州租下一處住所，他現在正待在房子的額外臥室裡。假如他留在麥迪遜大道辦公室桌前，觀景窗外將是零下一度的世界〔這幅高樓景致通常只有華爾街銀行家才欣賞得到，雖然曼哈頓中城蜿蜒馬路與人行道因為新冠肺炎（COVID-19）而人潮稀落，但仍是令人驚嘆的景色〕，即便如此，他也會把暖氣關到最小。

不過在佛羅里達州，汗珠如涓涓細流般從後頸流淌而下，沾溼他鮮豔襪子的縫線。

不可能。

普洛特金盯著面前的電腦螢幕，淚水盈眶。螢幕上的線圖令人不敢置信，不過事實擺在眼前，原本應該平緩的直線卻如聖母峰般拔地而起。螢幕底端顯示分秒滴滴答答地流逝，這只是一個平凡無奇週二下午盤後交易的頭幾分鐘，普洛特金緊盯著螢幕，眼睜睜看著山峰隆起，線圖呈指數型飆升，越來越陡峭，彷彿即將衝破該死的螢幕頂端。

一場災難。

普洛特金靠在椅背上，束手無策。他不是沒看過投資失敗；老天，他進入這一行已經夠久了，知道決定一家公司成功與否的關鍵是處理虧損部位的方式，而不是一帆風順時如何慶祝。和所有優秀交易員一樣，他是透過實際經驗學到教訓。

十四年前，普洛特金初入史蒂夫．柯恩（Steve Cohen）成立的S. A. C.資本（S.A.C. Capital Advisors）。當時S. A. C.資本是華爾街聲名顯赫的金融巨獸，資產管理規模高達一百六十億美元。在二〇一三年捲入內線交易醜聞前，S. A. C.資本是當代投資報酬率最高的避險基金。普洛特金任職於S. A. C.資本時，在二〇〇七年上半年的表現如流星般閃耀，以四億五千萬美元的資金滾出十億美元，成為華爾街最炙手可熱的交易員。S. A. C.資本開始向普洛特金挹注更多資金，交由他操控投資，不過他的投資部位轉瞬間鬆動、崩跌，到了夏末，賠掉八〇%的資金。那是他職涯的緊要關頭，多數交易員會捲鋪蓋走人，不過普洛特金展現韌性，打落牙齒和血吞，儘管摔得鼻青臉腫，卻仍重新振作，他學會遵守紀律，在快速變動的環境中不斷重複評估自己的部位。到了年底，他已經賺回虧損的每一分錢，還又多賺了一些。

重創華爾街明星的網路力量

之後六年，普洛特金逐步晉升為S.A.C.資本的頂尖交易員之一。二〇一三年，美國證券交易委員會（Securities and Exchange Commission, SEC，簡稱證交會）的調查，把S.A.C.資本鬧得天翻地覆，雖然柯恩本人幾乎毫髮無傷，不過旗下幾位交易員卻被關進大牢。普洛特金自立門戶的時機到了，他迅速籌得十億美元，其中部分來自柯恩的新公司Point72。從這時候起，普洛特金就再也沒有回頭，他招募優秀人才，建立多元團隊，從事最高超的交易；起步低，但願意埋頭苦幹。

八年後，梅爾文資本（Melvin Capital）成為華爾街上的耀眼明星。從二〇一四年成立至二〇二〇年，梅爾文資本的年報酬率都達到三〇%；二〇二〇年，公司淨值成長五二・五%。普洛特金這顆明星顯然是一顆超新星；據稱，光是二〇二〇年，他個人就賺進超過八億美元，迅速一一集齊銀行鉅子的必備行頭。首先是職業球隊，普洛特金成為夏洛特黃蜂隊（Charlotte Hornets）的少數股東，因此成為麥可・喬丹（Michael Jordan）的合夥人，而對方正是他的兒時偶像之一！接著是東區的豪華公寓，當然還有邁阿密的海濱豪宅。事實上，一間豪宅還不夠，普洛特金斥資四千四百萬美元買了兩間相鄰的宅邸，而且打算打掉一間，闢建網球場、泳池小屋及兒童遊樂場。豪宅裡還有私人碼頭，也就是說他還需要一艘船，不然碼頭有何用處？話說回來，管理一百三十億美元的避險基金巨頭只要還有一點自尊心，怎麼能夠沒有一艘船？

不過，盯著螢幕上一格格向上竄升的數位聖母峰，普洛特金一陣頭暈目眩，根本沒想到他的邁阿密豪宅、和喬丹的友誼賽，或是可憐的無船私人碼頭。

眼前這一切違背所有邏輯與理性，根本不可能發生，不過事實擺在眼前，儘管耗費數個月深入研究，花費無數個鐘頭勞心勞力地查閱財務報告，與分析師及專家通話討論，但普洛特金即將迎來職涯中最嚴重的一次挫敗。

普洛特金損失慘重，可能危及迄今打下的江山，他擔心這是響徹華爾街的一記警鐘，餘波可能數年無法平息。

普洛特金以祖父名字為成立的梅爾文資本命名，祖父是雜貨店老闆，是他見過最誠實、勤奮的人。在幾天內，梅爾文資本損失近五十億美元，其中多數是在過去二十四小時內憑空蒸發。全部的虧損都來自一支股票、一家可笑公司的股票，應該躺平的股價反而衝破天際。

在華爾街呼風喚雨的普洛特金，被一股不可見的力量擊倒。他即將發現，這股力量來自社群媒體最陰森晦暗的角落，這場革命正朝著體制開出第一槍。也許最令人不堪的事實是，這致命一擊是由數分鐘前，網路世界最大酸民的一則推文所引發。

普洛特金閉起眼睛，船、喬丹、邁阿密的念頭在眼前閃過、纏繞，彷彿從投影機脫落的電影膠捲。他深吸一口氣，關上電腦。

伸手拿起電話。

第二章

疫情爆發的推波助瀾

二〇二〇年十二月

六週前，四百英里外，二十二歲的傑瑞米．波（Jeremy Poe）身材如鐵絲衣架般瘦削，就是那種扳直後可以用來撬開上鎖車窗的衣架。他獨自站在華盛頓杜克高爾夫俱樂部飯店（Washington Duke Inn and Golf Club）廣闊總統廳前方的學院風金屬桌旁，納悶著局勢到底怎麼會演變成這樣。

波唯一確定的是，這不是大學四年級應有的樣子。他看過那些校園電影，也讀過入學手冊，大四應該用來跑酒吧續攤、參加啤酒桶派對、班級舞會，也許談一、兩場戀愛，午後在校園庭院中消磨時間，在宿舍裡徹夜談天，直到早晨曙光從窗戶流瀉而入、鬧鐘作響，提醒他上課要遲到了——但是誰在乎呢！畢竟大四了，這是大學結束、現實生活呼嘯闖入前的最後一口氣。

不過，現在波和十幾個同學站在巨大舞廳裡，在點綴著淚滴型水晶的優雅吊燈下保持社交距離，交錯排成隊伍。每個學生都和他一樣，等著走到擺滿小瓶子、樣本瓶及消毒液的無菌不鏽鋼桌前。

數英尺外站著一位護理師，她藍綠色的眼睛正看著波。至少波猜想她是護理師，因為對方戴著口罩、防護面罩和橡膠手套，不過話說回來，舞廳內有很多人，甚至是戶外校園裡、德罕（Durham）街上、電視上、報紙上有許多人也都是這身裝扮，新冠肺炎年代中的高級時裝。不過這位女士還穿著醫院工作服，代表她大概是專業人士。雖然水晶吊燈在她的面罩上投射朦朧的光影，但是波仍能從她藍綠色的眼中看出不耐。

波向對方投以帶著歉意的微笑，準備面對接下來的任務。他沒有戴面罩，口罩也拉到下巴的位置，不過這是因為他的右手拿著一根六英寸長，看起來有點可怕的棉花棒。如果沒有那團棉花，其實就和派對上烤肉用的竹籤差不多，波心想，開派對的日子究竟離我還有多遠。

至少舞廳本身還帶有些許節慶氣息，腳下的地毯蓬鬆柔軟，裝飾著繁複的紅藍花樣，窗戶垂掛著厚重的天鵝絨帷幔，往外望去是北卡羅萊納州的頂級高爾夫球場。當然，還有垂掛在挑高天花板的水晶吊燈，彷彿閃閃發光的冰凍水母，由於舞廳周邊擺放著特殊設計的空氣循環機，水母晶瑩的觸角就這麼在微風中擺盪。

「這沒什麼。」護理師說道，聲音因為隔著口罩而聽起來悶悶的，「只要戳進鼻孔裡，轉幾圈，然後放到桌上的採樣容器裡就好了。」

波想要回應幾句俏皮話，但是顯然時機並不恰當，即將深戳鼻孔時，能言善道的才能大幅下降。當然，這比二〇二〇年春天新冠肺炎疫情剛爆發，校園尚未關閉時使用的採樣方式好多了，當時那根該死的棉花棒有兩倍長，彷彿要直直戳進腦袋裡。

老實說，波平常很擅長閒聊、逗人發笑；如果他手上拿的是雞尾酒叉，而不是鼻孔拭棒，大概很有機會得到護理師的正面反應。不過話說回來，儘管他不會扭扭捏捏，卻很古怪、個性獨特；雖然就讀杜克大學（Duke University）三年來結交幾個好友，但他其實很期待大四擴展社交網絡，大放異彩。

想到這裡，波知道他的古怪不完全是自己的問題。一言以蔽之，他的成長過程相當獨特。和波一樣在船上長大的孩子不多，他小時候不是和家人穿梭在各個加勒比海小島之間，就是沿著佛羅里達州的海岸走走停停。童年的大部分時光，波在早晨通勤會需要潮汐表和碼頭碇泊費，而他少數真正的同伴就是家人——父親、母親和弟弟嘉士柏（Casper）。生活在一艘四十四英尺長的雙體船上，學習不到什麼正常的社交技巧，到波上國中，進入正規學校時，已經培養一些古怪的習慣。但是他花費很多心思調整個性，也把焦慮和笨拙的社交技巧隱藏得很好。

不過即便在最理想的情況下，和陌生人攀談都不容易，況且此時此刻絕對稱不上是理想情況，現在他頂多只能擠出友善的微笑。

波不知道護理師是否報以微笑，因為對方戴著口罩，不過就當作有吧！接著他把注意力放回採檢棉棒上，戳入鼻孔裡，大方地轉了幾下。

新冠疫情下的日常與異常

二十分鐘後，波的鼻孔仍隱隱作痛，他拍落連帽衫上的雨滴，在門廳前脫下運動鞋，走進在校外租賃的實惠一房公寓。唐沃斯松居（Dunworthy Pines）是德罕南區的大型高樓住宅，雖然社區名稱有點矯作，讓波想到日間肥皂劇可能出現的情節——一群穿著比基尼和三角泳褲的俊男美女，聚集在豪華的社區公共泳池邊，上演誇張的情節，但是其實這裡沒那麼糟，的確有一座泳池，甚至有一片人造湖泊，如果客廳另一側玻璃拉門上的捲簾沒有放下，就能看到房間外的泳池和湖泊。湖泊周圍的草坪經過精心修剪，低矮灌木叢及鵝卵石步道交錯。

雖然松居有很多和波一樣，不想住在大學校總區狹小宿舍的大學生，但是這裡沒有什麼群聚活動，至少據他所知並沒有。走廊往來的大多是陌生人，大家都躲在口罩後，維持著隱形的六英尺（約一百八十二公分）互斥磁場，盡可能獨處。

波剛入學時，感覺相當孤單，你以為在船上長大的孩子早就習慣一個人，但是大學生活更寂寞難耐。不過在父親的敦促下，波主動與剛好住在同一社區的同學結為朋友。住在樓上兩樓的卡爾（Karl）是波在杜克大學的至交好友之一，卡爾主修生物學，熱愛武術，教導他如何摔角，也指導他維持健康的生活型態，協助他在專注課業的同時保持身體健康。卡爾的女友喬西（Josie）比兩人更會摔角，研讀應用數學與政治學。另一個同學麥可（Michael）是波修習進階線性代數課遇到的學生，和他一樣雙主修數學與心理學，顯示兩人都有自討苦吃的傾向，同時也想知道自己為何總愛自找麻煩。波和這些同學每兩週見面一次，再加上繁重的課業（涉及一些拗口的課程名稱，例如貝氏統計學、機率機器學習、精神病理學電影等），有時他幾乎忘了外面世界已戛然而止。

波拉下帽兜，走進公寓裡，同時抓散糾結的紅髮，他高聳額頭上的一頭亂髮膨起，彷彿某種精神錯亂的鐵鏽色光環。他從疫情爆發前就沒有上過理髮廳，過去幾個月來，他曾數次拿起剪刀，打算自行打理。不過疫情的一個好處是，外表不像以前那麼重要，因為社交生活大多僅限於飄浮在筆記型電腦螢幕上的視訊小方框裡。Zoom 把所有人拉到同一個起跑點，優質的高解析度網路攝影機比好看髮型有用得多。

波走進公寓，一邊從口袋裡拿出手機。分隔門廳與起居空間的書架上放著一個喇叭，喇叭上的小綠燈顯示藍牙已經開啟，波動動手指，喚醒手機中的音樂應用程式。

他的播放清單一如往常地排滿最愛的歌曲，喇叭開始播放某首日本流行歌曲開頭激動人心的快節奏和弦，好似有隱形的電子樂彩色紙屑從喇叭裡螺旋噴射而出。沒錯，是香奈子伊藤的歌，過去一年來幾乎都是她的歌。其實她叫做伊藤香奈子，因為日本人把姓氏放在名字前，波會知道這件事，是因為熱愛日本動畫片近乎著迷的程度，尤其是一部叫做《新世紀福音戰士》的動畫。《新世紀福音戰士》在一九九〇年代中期首播，波經由一位旅遊經驗豐富的平輩親戚認識這部日本動畫，之後就一次追完整部劇集。這部動畫共有二十六集，相關作品還有漫畫、電影、電玩遊戲，情節極為複雜，涉及世界末日、大型生化機器人與巨大怪物的戰鬥、神祕主義、猶太教和基督教意象，以及大量青春期焦慮。由於波初次看完的是日文原版，因此更覺得內容晦澀難解（他不懂日文），不過即便如此，他認定這是一部至高傑作，而且時常表示，有人能製作這麼優秀的作品簡直就是奇蹟。他利用手邊所有的網路資源，花費無數小時解讀故事情節和主題，相關研究引領他深入認識動畫作品，因而接觸到無數的其他動畫，例如《輝夜姬想讓人告白～天才們的戀愛頭腦戰～》、《魔女宅急便》，以及《科學ＡＤＶ》系列視覺小說遊戲《命運石之門》和《機器人筆記》，後者的遊戲時數約四十小時，波在三、四天內全部破關。

動畫之後，接著就是音樂：伊藤香奈子、Kikuo、流行音樂、金屬樂。大一尾聲，波撰寫代數數論報告的期間，在一週內連續聆聽同一張日本金屬樂專輯十五遍，聽音樂時一再停止寫報告，起身舞動，隨著音樂如同木偶般搖擺，激發寫作靈感。

當現實世界日漸虛幻，網路社群卻越顯真實

此時波往玻璃後門旁的角落書桌走去，筆記型電腦放在桌上。他現在並沒有舞動身體，不過在連帽衫裡穿著《新世紀福音戰士》T恤，而且玻璃和鋁合金材質的桌面上，至少有一本漫畫挨在鍵盤旁。

書桌本身光亮、平滑、光可鑑人，桌腳可以伸縮，還附有活動輪，必要時可以充當機械戰鬥機器人；波剛搬進公寓時，弟弟嘉士柏幫忙組裝這個複雜的東西。波自行組裝可能要花費好幾天，不過嘉士柏短短一個下午就大功告成。嘉士柏一直是兩人中較具實用精神的，這大概是他選擇主修土木工程的原因，而波則走上較偏理論的路線，因此雖然兩人都攻讀同一所大學的理

科領域，也只相差兩歲，不過即便在疫情爆發前，兩人就鮮少碰面。

嘉士柏和波不同，他選擇在校內宿舍度過大二生活，儘管出現疫情，但還是希望親近朋友。秋季學期前幾週是接二連三的隔離措施、每週檢測、社交距離規定，因此波不認為嘉士柏的日子會比他好過，可能和他一樣孤獨。波很快就發現，無論是在身邊擠滿同學的宿舍，還是以陌生人為主的校外公寓，在疫情下都只能一個人度過。

他往書桌前的椅子上一坐，扯下掛在下巴的口罩，丟向附近的垃圾桶，落點差了大概一公尺，這個皺巴巴的醫療級廢棄物飄落到一堆髒衣服旁。波遲早要把這堆衣服搬到社區地下室的公共洗衣間；誰知道呢？也許運氣好能碰到其他剛好也在洗衣服的人。也許他們能面對面交談，波對這項活動的記憶已經變得模糊，他們能將想法化為話語，進行真實的交流，談話內容甚至可能與冠狀病毒、個人防護裝備的正確使用方式，或檢測儀式無關，不必使用電腦軟體或無線路由器就能進行溝通。

想到這裡，波不禁露出微笑，然後開始敲擊鍵盤，喚醒睡眠中的電腦螢幕。在他的右邊，除了漫畫收藏外，還堆疊著一堆嚇人的數學教科書，即便在杜克大學這樣的一流學府，艱深的書名仍然可能嚇到不少學生。在書堆旁的則是一本黃色橫線筆記本，前幾頁已經寫滿習題，學校尚未復課，老師就已經開始指派作業。不過此時波的手指在鍵盤上舞動著，他的思緒不在作業或漫畫上，也不在真實洗衣間中與假想陌生人談論和新冠肺炎無關的話題。

波把注意力放在筆記型電腦上，這項工具從大四開始就成為他的生活重心，不只是因為他要透過電腦上課、社交，除了學校和現有的交友圈與家人外，波最近發現新的關注事物，這項活動占據他越來越多的時間。這個興趣一開始只是出於好奇，後來演變為愛好，接著快速成為動畫、日本流行音樂、引起焦慮自省外的另一項痴迷。

繼續敲擊鍵盤的同時，波再次從口袋裡拿出手機，放在漫畫上。他熟練地在手機螢幕上滑動手指，關閉音樂庫，開啟另一個應用程式，螢幕立刻出現令人愉悅的葉綠色調畫面，接著民間傳奇故事角色帽簷上的羽毛，就從手機畫面上方三分之一處緩緩飄落。

這幅畫面有一股魔力，總是讓波開始分泌腎上腺素，他認為這是一種巴夫洛夫制約反應，啟動大腦中某個結構，進而分泌多巴胺。這個畫面的設計者無疑花費無數小時思考顏色、色調及圖案，波讀過賭場在設計賭廳時，會聘請十幾位科學家，找出照明、材質、裝潢，甚至是氣味的完美搭配，協助顧客回歸潛意識裡最原始的狀態。波不知道手機應用程式的開發人員設計主畫面時，是否投注一樣的心力，只知道一瞥手機畫面引發的感受，和聆聽伊藤香奈子的旋律一模一樣。

波壓下這份突然而來的衝動，略過主畫面，進入應用程式，接著把注意力轉回筆記型電腦上。

坐到書桌前的幾分鐘內，他已經快速瀏覽電子郵件，把幾個 Word 文件和尚未完成的數學專題視窗縮到最小。現在占據螢幕中央的是其他東西，波的雙眼開始快速掃視，臉上揚起微笑。

波知道，他在現實生活裡可能有點古怪，人際互動放不太開。理論數學、動畫等消遣，以及對新冠肺炎的適度恐懼，都無助於擴展交友圈。不過坐困在公寓裡，日本流行歌曲轟隆作響，數學作業越疊越高，他最近找到取代社交生活的事。波面前的螢幕不再只是二D工具，連結現在到不了的地方、見不到面的人們，螢幕成為嶄新社群的入口，即便現實世界每天變得越來越光怪陸離、缺乏社交，這個社群卻越來越真實，包羅萬象。

波傾身向前，掃視螢幕，微笑加深，喃喃自語道：「我的大猩猩和智障同胞們，今天有什麼新鮮事？」

第三章

走上截然不同的人生道路

麻薩諸塞州威明頓（Wilmington）。

一個寒冷的夜晚，時間剛要六點，新英格蘭傍晚空氣冷冽，彷彿能看見刺骨寒風。這條漂亮的街道隱身於綠葉成蔭的沉睡郊區角落，搭乘通勤鐵路到波士頓市區約莫二十分鐘。

在這樣的地方，一晃眼，二十年飛也似的流逝。

三十四歲的吉爾有著高顴骨、銳利的綠褐色眼睛、一頭濃密的及肩長髮，從側面看去有幾分類似鯔魚頭[1]。他站在結冰的草坪上，三房住宅的陰影下擺放著一座塑膠溜滑梯，吉爾舉起手臂

1 譯注：原文為 mullet haircut，也稱為狼尾頭，頭頂和兩鬢剪短，後腦勺留長的髮型。

把兩歲女兒抱到溜滑梯上方。女兒臉上綻放出只有玩溜滑梯的兩歲小孩才有的笑容，表情散發著純粹的喜悅與期待，沒有一絲恐懼，她一心只想要往下溜，加快、再快一點，越快越好。

這項特質無疑來自她的父親。從吉爾有記憶以來，他就跑得很快，而且力求跑得更快。即便到了今天，三十幾歲的他，體內的每個細胞都能感受到沉睡動能所散發的火花。小時候他是最坐不住的孩子；在他有記憶之前，就會把這股壓抑不住的能量傾注到跑步中。他會隨意指向一處，然後朝著那個方向跑去，到了十二歲，他已經成為社區裡跑得最快的孩子。

當時吉爾住在另一個郊區：他在布羅克頓（Brockton）長大，與威明頓相比，那裡的勞工比例更高。吉爾有兩個手足，父親以駕駛卡車為業，母親則是護理師。布羅克頓並不富裕，也不花俏或漂亮，不過這裡相當自傲。這座狂妄的城市自詡為「冠軍之城」，即便鄰近的波士頓及其連任數次的市長湯瑪斯．曼尼諾（Thomas Menino）指出，冠軍遊行路線是在波士頓的博伊斯頓街上，而不是二十八號公路，布羅克頓仍不願放棄這個稱號。湯姆．布雷迪（Tom Brady）是史上最偉大的足球員，雷．布爾克（Ray Bourque）、賴瑞．柏德（Larry Bird）和大衛．歐提茲（David Ortiz）等人也都能創造奇蹟，不過布羅克頓會告訴你，真正的冠軍來自何處。出身自布羅克頓的冠軍拳擊手洛基．馬西安諾（Rocky Marciano）與馬文．哈格勒（Marvin Hagler）都是從公立高中一路向上攀升；吉爾也依循同一條路，不過他的能力不足以進入職業棒球隊，也沒有踢足球的體格，更缺乏打冰上曲棍球必備的凶悍，他的專長是徑賽，而且真的跑得超快。

簡言之，社區裡跑最快的小孩變成家鄉跑最快的孩子，後來成為布羅克頓高中（Brockton High School）跑最快的學生，錄取史通希爾大學（Stonehill College）時，吉爾已是全州頂尖的賽跑新秀。吉爾在史通希爾大學累積多項紀錄：他以一分五十二秒跑完室內八百公尺；以略多於兩分二十四秒的時間跑完一千公尺；並以四分零三秒跑完一英里，躋身大學一流跑者之列。全世界能在四分鐘內跑完一英里的人不超過一千五百人，而吉爾的成績只差了三秒，贏得第二級別年度最佳室內運動員的頭銜，並和同為徑賽運動員的兄弟凱文（Kevin）同時登上《運動畫刊》（*Sports Illustrated*）。

如果不是一連串嚴重受傷損及阿基里斯腱，再加上感染單核白血球增多症久久不癒，沒有人知道吉爾天生的速度能取得什麼成就，也許他能追逐夢想，踏上職業徑賽運動員的職涯道路。不過話說回來，吉爾很清楚，徑賽不像足球或冰上曲棍球，無法光靠跑得快賺飽錢退休。

儘管向現實妥協，仍心存慶幸

吉爾吸入一口冷冽的空氣，退後一步，看著女兒在溜滑梯頂端往前傾，沿著冰冷的塑膠溜滑梯往下溜。她快樂的尖叫聲劃破夜空，吉爾也露出微笑。朝一樓窗戶向內望去是簡約的廚房，他看到妻子卡洛琳（Caroline）的臉上也揚起笑容。

儘管吉爾沒有跑出四分鐘一英里的佳績，卻為自己構築平靜而簡單的生活，以他的出身背景來說，算是混得不錯了，雖然房子是租的，但至少有妻子、小孩、工作，也許不算是夢幻工作——有誰會夢想進入萬通人壽（MassMutual）這樣平凡無奇的保險公司工作？更不會有人嚮往吉爾的實際日常工作內容：為金融顧問規劃財務教育課程，讓他們向潛在客戶做簡報。這些金融顧問的薪水是吉爾的兩倍之多，他們就讀較好的大學，父母大概也更有錢，不過他們跑一英里花費的時間絕對超過四分鐘。

吉爾不太確定自己是怎麼進入萬通人壽的，總而言之，對開始求職的大學應屆畢業生來說，二〇〇九年流年不利。儘管吉爾是家族裡第一個獲得四年制高等學歷的孩子，但史通希爾大學畢業證書並不是什麼美好前程的敲門磚。身為布羅克頓的子弟，又缺乏人脈，吉爾的選擇不多，而且鄰近波士頓，利不一定大於弊，他必須和附近哈佛大學（Harvard University）與塔夫茨大學（Tufts University）的天才學生，或是波士頓大學（Boston University）的富裕孩子競爭為數不多的職位。事實上，二〇〇九年到二〇一七年的大半時光，吉爾都處於失業狀態。二〇一九年初進入萬通人壽時，他已經將近兩年沒有工作。

雖然這不是夢幻職位，但至少能養家活口，而且是金融領域的工作，他每天都這麼告訴自己。疫情之前，他會繫上領帶，擠進九十三號州際公路的車流，開往萬通人壽辦公室。吉爾小時候就很擅長數字，也熱愛尋找其他人沒有發現的優勢。母親常常提起一個故事，吉爾在小時候會巡視街道和人行道，希望買刮刮樂彩券的人沒有發現自己中獎，就直接把彩券丟在地上。到了大學，這種行為進階成深入研究的能力，目的同樣是尋找其他人沒注意到的優勢。徑賽練習教導他如何努力鞭策自己，天生的速度很重要，但是要贏得比賽，就必須比別人付出更多努力，到了吉爾畢業時，知道自己的未來必定和財務領域脫不了關係，但是他也有自知之明，投顧銀行不會到布羅克頓這樣的地方，尋找下一個華倫．巴菲特（Warren Buffett）。

吉爾曾短暫任職於朋友的新創公司，接著二〇一七年，在新罕布夏州從事財務工作，也在那時候輕鬆通過第六級考試（Series 6 exam）[2]，取得交易證照，因此得以進入萬通人壽。在疫情

2 譯注：指「投資公司產品／可變利率合約有限資格代表」考試，通過考試後才能推銷販售投資公司的產品和可變利率合約。

之前，他有一間辦公室——其實是共用的辦公空間，不過至少有牆壁、窗戶，比小隔間好多了。也許過幾年，運氣好的話，他能晉升為交易員。

後來疫情來襲，雖然辦公室關閉，吉爾的西裝換成運動褲，九十三號州際公路的通勤改為走到廚房桌上的筆記型電腦前，但他還是很慶幸擁有一份金融領域的工作，因為知道很多人比他來得悲慘。

女兒溜到溜滑梯底端，吉爾抱起女兒，然後舉到空中。兩人一起笑著，毫不在乎冷冽的空氣，不過在內心深處，吉爾仍感受得到埋藏許久的動能火花。在記憶深處，他依舊記得身為社區裡跑得最快的孩子是什麼感覺，他記得第一個抵達終點線、打破紀錄的興奮感。

他還不打算放下這份感受。

內心潛藏的動能，轉化為對超值投資的追求

四個小時後，吉爾步下樓梯，走向這棟三層樓房屋的地下室，那股動能仍然存在。卡洛琳正在樓上哄女兒睡覺，餐桌已經收拾完畢，洗碗機正在運轉，肥皂水流到廚房地板上，吉爾可能必須自行想辦法修理，因為在疫情下請人進入家中修理洗碗機，簡直就是難如登天，不過現在

這些都不重要。

他走下最後一級階梯，進入地下室，雖然這裡還很空曠，但已大致完工。其中一面牆擺放貨架，架上放著小孩的玩具；樓梯旁的櫃子裡塞滿遊戲和拼圖，不過後方天花板低矮的小房間可以任由吉爾使用。剛搬到這裡時，吉爾在樓上有自己的一張書桌，桌前的窗戶還能俯瞰社區，但是不久後為了遷就淺眠的女兒，他被流放到地下室。

走三大步來到門前，門後是吉爾戲稱為「小貓角落」的房間。女兒的一隻貓咪（這個家裡到處是貓）填充玩具掛在房間內的門把上，後牆上貼著一張貓咪光靠前爪抓著樹枝的海報，貓咪下方則是老套的勵志金句：「撐下去！」這不是吉爾唯一一張貓咪海報，地下室另一頭的櫃子裡存放著許多類似海報，一一捲起、以橡皮筋綁好，還有幾份貓咪主題月曆、貓科動物相關周邊產品，例如馬克杯、棒球帽和T恤，數量之多，吉爾不太願意承認都是他的所有物。今天他剛好就穿著一件貓咪T恤，圖案是一隻戴著飛行員墨鏡的貓咪，背景是兩架戰鬥機。

海報前方是他的書桌，上面放著三大台電腦螢幕、筆記型電腦和藍牙鍵盤。他的設備布置很講究，架設在桌面上的大型鉸接式麥克風引人注目，麥克風本體是深紅色，搭配高檔遊戲裝備公司 Secret Lab 出產的電競椅，以PU人造皮革製成，飾以黑色麂皮飾邊，顯得氣勢不凡。這是一張可調整的高背限量電競椅，椅背上裝飾著HBO節目《冰與火之歌：權力遊戲》（*Game of Thrones*）中蘭尼斯特家族的家紋：一隻金色雄獅。這張椅子花了吉爾一小筆錢，當優比速（United Parcel Service, UPS）把這張椅子送上門時，卡洛琳吃了一驚，不過這只是小小的放縱。買椅子的錢大多是靠吉爾精打細算節省下來的：架設在工作站前方的是特價的影片串流系統，筆記型電腦硬碟裡安裝的也多半是免費剪輯軟體。

吉爾坐進椅子，為接下來的一夜做好心理準備。在他身後，牆上固定著一面長方形白色投影螢幕（上面貼著貓咪海報），螢幕可充當數位白板。攝影機開啟後，筆記型電腦會在白板上投影註解、計算過程、流程圖、交易對帳單，不過目前白板上一片空白。雖然他已經為晚間錄影做好整體規劃，不過錄製過程有時好比脫韁的野馬。

一旦開啟攝影機，吉爾喜歡放任動能奔馳，連他自己都不知道會講到哪裡。白天，吉爾是性情溫和的郊區老爸，任職於保險公司，工作是教導顧問如何銷售股票，不過在地下室，他變成另一個人。

從交易策略的直播中獲得成就感

吉爾深吸一口氣，再次掃視桌面，確認錄影所需的一切裝備都放在應在的位置。最靠近鍵盤的是一疊Uno紙牌，而色彩鮮豔的數字卡牌旁是一瓶未開蓋的精釀啤酒，瓶身掛著一條紅色頭巾。頭巾和啤酒旁是一顆神奇八號球（Magic 8-Ball），這個玩具很蠢，充滿一九八〇年代風格，基本上就是一個光亮的黑色球體，搖動幾下，小小的視窗就會顯示建議語句。吉爾小時候會詢問女孩或比賽分數等問題，這顆球不太懂女孩，對體育更是一無所知，不過如果你不喜歡它給的答案，可以再搖幾下，直到它顯示你想聽的答案為止。實際上，在他任職的公司中，多數顧問為客戶挑選股票的方式和這顆神奇八號球沒有什麼不同，如果股價線圖乍看之下不怎麼樣，不如反過來看；無論如何，總有辦法說服客戶買單。

吉爾傾身向前，喚醒電腦螢幕。最近的一台螢幕顯示他目前持有的投資組合，一條條折線顯示他透過各家線上證券商（完全不涉及他任職的公司）購買的各檔股票。除了直接權益（straight equity）外，還有一些更精妙的操作，其中主要是買權（call），目的是提高槓桿，畢竟他的起始資金不多。幾個月前，吉爾剛開始在交易桌前直播時，投資組合相當多樣，不過最近幾個月，單一支股票占據他的電腦螢幕，事實上，這支股票在他人生中的比重也越來越高。

吉爾的地下室企劃剛開始時，並不打算單押一支股票，也根本沒有預期幾分鐘的影片會演變成一連數小時的直播，更沒料到他會在這個交易小窩中待上數小時，有時直到深夜，有時耗費大半個下午。一開始相當單純：吉爾憑藉著對財務教育的熱情，建立名為「咆哮小貓」（Roaring

Kitty）的 YouTube 頻道。他的目標是錄製短片，說明自學而來的交易策略，中心思想是尋找其他人忽視的價值，方法包括專一研究，就和為賽跑做準備沒什麼兩樣：努力、注重細節，以及近乎幻想的樂觀。

除了 YouTube 頻道外，吉爾還有同名的推特（Twitter）帳戶；此外，定期以相當具有「Reddit 風格」的帳戶名稱 DeepFuckingValue（他媽的超值）在 Reddit 平台發表文章。帳戶名稱再次點出吉爾的交易哲學——超值股票才值得投資，即使你必須搖晃神奇八號球好幾次，才能看出價值所在。

到了夏末秋初，吉爾的 YouTube 頻道最多只累積數百名訂閱者，雖然他沒有成為網路新星，不過發現這樣的經驗帶來滿滿的成就感。就和世界上所有人一樣，疫情朝著我們投出一顆變化球，他在突然間找到應對之道，還能向一群志同道合的人展現一部分真正的自己，他們之中或許有些人擁有和他一樣的鑑賞力、幽默感，甚至是交易策略。

吉爾確信卡洛琳了解他的想法，了解這些直播、貼文、錄影的意義，這是他宣洩的出口，帶領他回到身為賽跑選手的那段日子。就像賽跑，交易的成敗同樣在於準備工作，深入鑽研、研擬策略、了解對手，然後當你準備就緒，就是出手的時刻。

大學擔任賽跑選手時，吉爾覺得全世界的眼光都在他身上，雖然這多半只是他的想像，但仍為此感到興奮：呼嘯而過的風、歡呼的群眾、看著自己締造紀錄的眼睛。那一刻，腎上腺素激增，肌肉蓄勢待發，思緒前所未有的清明，這種感覺有如騰雲駕霧。

也許這樣的想法很愚蠢，也許根本無人觀看，不過吉爾總算找到在某方面能稍微帶來同樣感受的活動。

他朝著神奇八號球和卡牌之間伸手，拿起套在啤酒瓶身的頭巾，綁在頭上，按下筆記型電腦上的按鍵，面對電腦螢幕，深深吐出一口氣——

開啟攝影機。

第四章

暴風雨前的寧靜

「今晚一定不尋常。」

金．坎貝爾（Kim Campbell）抬起頭，越過無咖啡因咖啡望向同事，同事和她隔著兩個座位，坐在共用護理站中央的及腰書桌旁。欽威（Chinwe）比坎貝爾高出一個頭，皮膚黝黑，穿著海軍藍醫院工作服，坐姿抬頭挺胸、僵硬又自帶威嚴，和他的個性一模一樣，他朝著安全玻璃隔板外的起居室比了比。坎貝爾不用抬頭，也知道欽威是對的。欽威很少誤判，是單位內數一數二的資深護理師，謹守工作倫理，與他第一代移民的身分相當相稱，戴維斯精神醫學中心（Davis Center of Psychiatric Medicine, DCPM）發生的大小事，很少逃過他的眼睛。不過現在不用欽威示意，坎貝爾也知道不太對勁，這已經是她在戴維斯精神醫學中心從事護理工作的第六年，對這類事情已經培養出第二直覺。護理工作最重要的就是慣例常規，當慣例開始瓦解時，無論最初有多麼隱微，都令人憂心。

坎貝爾查看安全玻璃另一頭色彩明亮的空間時，心中的緊張感油然而生。現在是交班前二十分鐘，也是戴維斯精神醫學中心大部分患者的服藥時間，這裡是他們暫時的居所，但現在人潮比往常稀落。通常這時候，這片鋪有地毯的多用途區域會有二十幾位住民，有些人會在另一頭牆邊的圓桌旁耐心等待，也有些人會圍坐在面對電視的座位區，電視上總是播放著無害的遊戲節目或情境喜劇，不會有亂鳴的車子喇叭聲或槍響，節目越平淡越好。

卡默（Kamal）是另一位坎貝爾的同事，正在醫務站的白板上註記給夜班人員的注意事項。一如往常，他下筆如飛，字跡潦草，解碼員才看得懂，不過夜班人員已經習慣了，他們稱為「卡默體」。卡默寫完後，輪到坎貝爾走到白板前，謹慎記錄值班時照顧的所有病患，有幾位在前一晚就入院了，不過多數是新進患者，戴維斯精神醫學中心是當地專門收治強制就醫患者的首選心理健康診療機構之一，即便在最好的情況下也常常門庭若市，疫情爆發後八個月，這裡已經人滿為患。

不過奇怪的是，今晚延伸到起居室淺色牆腳的整片地氈上沒有幾個人，原本在附近的幾位患者已經移動到牆邊，她正要詢問欽威認為是怎麼一回事，注意到地毯後端通往醫院內部對開門前的騷動。

來自職場的意外

即便隔著厚厚的隔板，坎貝爾仍聽得到咒罵和激動的吼叫聲。那是一位六十歲出頭的男性患者，下午稍晚時剛被送進醫院，他瘦骨嶙峋，倚靠著金屬助行器，可能是戒斷症狀正在發作。儘管外表瘦弱，但警長一開始將他歸類為五一五〇，代表他可能會對自己或他人造成危險。不過他沒有受到身體約束，顯示已經從原本的狀態恢復平靜，能安全地加入一般大眾。

平常監督病房的兩位護工正站在兩旁，以平靜的語調試圖安撫患者，即便隔著一段距離，坎貝爾也能看出他們眼中的壓力。

精神醫學照護從業人員必須具備某些特質，你在這裡看到的病患都正處於人生中最糟的一段日子。坎貝爾的值班時間是早上七點到晚上七點，一天上班十二小時，一同值班的還有三位護理師、護工及兩位醫師，大家各司其職，巡視單位、收治急診室送來的新患者、監控患者一整天的狀況。

單位的出入口都會上鎖，不過患者可以在起居室、用餐區、獨立康樂室及各自的雙人病房中自由走動。坎貝爾和同事負責這層樓的二十張病床和急診室的十張病床。病床幾乎永遠都是滿的，就像拄著助行器的患者一樣，沒有人是自願來到這裡，許多人是戴著手銬入院，或是被救護車或家人送來。

坎貝爾十年前剛從護理學校畢業時，也沒想到會進入精神病院服務，她之前主要修習的領域是急診護理，後來自願參加一個以發展問題與心理健康為主題的夏令營後，發現自己喜歡和人談話，對於遭遇困難的人特別有同情心。此外，她發現自己很喜歡看到人們改頭換面。

戴維斯精神醫學中心的工作負擔很重，不過看到患者在短時間內自新向善讓她心滿意足。患者入院時通常是處於人生的最低潮，可能才剛自殺未遂，或是因為毒品相關問題而跌落人生谷底，不過出院時的狀態通常都會比入院時好上不少。

此外，坎貝爾發現精神病院的工作，比在護理學校研讀的其他學科都更讓她自在。同事和她相處一陣子後，很快就發現她講話不太修飾，而精神病院是少數能把這項特質當作優點的地方。要和精神病院的患者交流，需要直率的溝通方式和獨特的幽默感；還必須有一顆強悍的心，當救護車打開後門時，你不知道送來的是因開槍傷及自己而入院的大學生，或是在高速公路上被發現只穿內衣遊蕩，或在車頂跳舞的無家可歸婦人。坎貝爾見到這些人最憔悴不堪的模樣，一心想幫助他們至少暫時好轉一些。

起居室後方的爭執似乎越來越激烈，看來戴維斯精神醫學中心的新人需要有人為他稍加指點方向，就算他還沒有心情聽坎貝爾不正經的玩笑話，幾句溫言軟語大概能讓他好過一些。

坎貝爾從書桌前起身，欽威一臉意外地看著她。

坎貝爾說：「我知道再過十分鐘，他就是夜班的問題了，不過反正我的咖啡也涼了，我想說，管他的……」

一切發生得太快，話還沒說完，坎貝爾先被用力拉緊皮帶般的劈啪巨響嚇了一跳，接著安全玻璃的碎片就如雨滴般灑落在周身，像霜霰一般彈落在護理桌上。坎貝爾望向同事，只見欽威站著，而幾碼外的卡默用白板半掩身軀，震驚地指向前方，順著卡默指的方向看去：那位激動的患者剛才倚靠的金屬助行器，正卡在分隔護理站與起居室的隔板上，整個嵌進安全玻璃中。護工已經壓制病患，他仍聲嘶力竭地大吼著。坎貝爾朝著他們走去，一邊抖落工作服衣袖裡殘留的玻璃碎片。卡默看見坎貝爾動身，往白板後方伸手，準備拿取存放在藥櫃裡的鎮靜劑，不過當坎貝爾繞過桌子時，發現已經不需要鎮靜劑。

患者在吸引所有人的注意後，似乎鬆懈下來了，保全護送他穿過對開門，離開起居室時，他語氣平和地對著保全說話。

坎貝爾轉身看著欽威。

他說：「再過十分鐘，為什麼總在換班前出現這種麻煩事？」

坎貝爾搖搖頭，呼吸仍然急促，腳下的碎玻璃嘎吱作響。

與不同背景的同事和諧共處

不久後，坎貝爾坐在護理師休息室的圓桌旁，啜飲著另一杯熱咖啡，試圖緩和思緒。她可以再休息一下，不必匆忙趕去父母家接小兒子，回到鎮上另一頭的三房公寓；大兒子會騎自行車往來前夫家和她家，大概要等她晚餐煮到一半時才會到達。她還沒想好要煮什麼，大概就煮義大利麵吧！這個晚餐選項大概會引起一堆牢騷，因為十五歲的大兒子已經關在前夫家一整天，上了六小時的線上課程，而坎貝爾認為成效根本是零。

所以雖然今天是漫長的一天，坎貝爾的頭髮裡還有玻璃碎片，但卻不急著回家，至少可以喝完這杯咖啡。咖啡杯旁擺放著筆記型電腦，她的手指放在鍵盤上，卻沒有在打字，只是捲動著螢幕畫面。越往下滑，夜晚的緊張感越消散，肩膀越來越放鬆，微笑也越來越明顯。

欽威從更衣區走廊走來，推開門後，率先注意到的大概就是坎貝爾的表情。他已經換下工作服，換上棕褐色長褲和開襟羊毛衫，他的穿衣風格稍偏保守，卻相當時髦，不太像護理師，反而更像大學教授。坎貝爾猜想這和欽威的背景有關，她知道欽威的學歷很亮眼，從母國奈及利亞移民到美國後，進入頂尖護理學校就讀，欽威是虔誠的基督教徒，重視家庭，是非觀明確。

兩人剛認識時完全相處不來；坎貝爾的個性強烈，有時不太顧慮別人的感受，口無遮攔。一開始，她經常在無意間惹惱欽威稍微狹隘的感受。不過後來欽威逐漸明瞭，坎貝爾最不恰當的嘲諷也都隱含著滿滿的愛，於是後來兩人交情越來越好。他們常互稱彼此是「工作上的夫妻」，不過坎貝爾常自命為「丈夫」，而欽威是愛和她唱反調的妻子。

欽威在旁邊的座位坐下，馬上擺出平常的樣子，眉宇間因為擔憂而出現皺紋。

「我不太敢知道妳在看什麼。」

坎貝爾笑了笑，準備把電腦螢幕轉過去給欽威看。

欽威往後縮，問道：「是會冒犯人的內容嗎？」

「絕對會冒犯你。」

坎貝爾不全然是在開玩笑，欽威對她上網瀏覽的內容大多都不以為然，不過說老實話，就連迪士尼（Disney）電影，欽威都能從中挑出毛病。

「又是右派的胡說八道嗎？」

坎貝爾笑了笑，搖搖頭。欽威不是唯一討厭她政治傾向的人，欽威發現坎貝爾兩次選舉都投給唐納・川普（Donald Trump）時驚訝不已，老實說，所有同事都一樣震驚。坎貝爾和每位職員的關係都很好，這裡的護理師相當多元，來自各種背景與族裔，而坎貝爾就像媽媽一樣。沒有一個人想得通，像坎貝爾這樣受過教育、親切、富有同情心，一生從事醫療照護工作，濟弱扶傾的人，怎麼會是川普的支持者？老實說，坎貝爾當初向家人表明政治傾向時，就連他們也都大吃一驚。

人生累積的不滿，導致政治立場偏移

坎貝爾多次試圖向欽威解釋自己的想法，但欽威只是用交雜同情和失望的神情看著她。坎貝爾成長在自由派的社區，也沒想到自己會傾心川普這樣的候選人。更早之前的兩次大選，坎貝爾都投給巴拉克・歐巴馬（Barack Obama），她猜想自己目前的政治傾向和成年人生累積的不滿有直接關聯。

坎貝爾知道有些人大概會以刻板印象來看待自己：帶著兩個小孩的單親媽媽，從有記憶以來，一直過著收支勉強打平的生活，無數次對他人、政府和人生感到失望。二〇〇八年，她眼睜睜看見父母在金融危機中幾乎失去房子。她自己有一次失敗的婚姻，兩次意外懷孕。她喜歡歐巴馬，也認同對方代表的價值，不過說真的，歐巴馬有讓她的日子變得更好嗎？

後來當川普出現時，坎貝爾立刻被他完全相反的特質、引戰廢文和自信吸引。川普很不一樣，而且不怕惹惱別人，坎貝爾很喜歡這一點。說到底，就算川普做不好，她又有什麼損失？

坎貝爾知道別人發現她投票給川普時有多不高興，兩次大選期間，她都感覺到同事的強烈不滿，但是她從不諱言自己的立場，勇於表達想法。

因此毫不令人意外地，欽威在初識時很討厭她，也根本無法理解坎貝爾支持川普的理由。欽威認為川普有種族歧視、作風危險，也害他領養的兒子仍無法從奈及利亞移民到美國，不過兩人的友誼現在已經非常深厚，可以互相針對政治立場開玩笑而不會真的翻臉。電視和街頭上的政治相當兩極，不過在精神病院這樣的環境裡，他們已經看過人生百態，政治立場就只是個人的怪癖，是長達十二小時的輪班過程中當作玩笑的談資。事實上，二〇一六年選舉日當天，欽威押注一百美元，和坎貝爾打賭希拉蕊・柯林頓（Hillary Clinton）會勝出。後來川普勝選，欽威極度不悅，一直故意「忘記」付錢。有位醫院「常客」甚至知道這件事，每次入院時都會提起這場賭注。即便現在川普已經下台，欽威也賺回一百美元，打賭輸掉這件事還是敏感話題，而坎貝爾每次找到機會也一定會提醒欽威。

坎貝爾指著電腦說：「我保證這和政治無關。」

最後，欽威總算往前移動椅子，開始看著螢幕。

「華爾街賭場？」欽威念出螢幕頂端的標題問道：「這是什麼？賭博網站嗎？」

坎貝爾笑道：「有點像，但不是，這是留言板，Reddit 論壇的討論區。」

「妳可以在上面留言？」

「有時候，但我多半只是旁觀。」

意外發現華爾街賭場板，開啟新世界大門

五年前，坎貝爾在無意中發現「華爾街賭場」（r/WallStreetBets, WSB）板，老實說，她是因為政治傾向才發現的。Reddit 是一個社群媒體網站，基本上就是一個巨型聊天室，根據休閒嗜好、政治立場、信仰、哲學各種不同主題區分為不同看板。坎貝爾從二〇一四年開始使用推特，後來經由推特發現 Reddit 的存在，然後自二〇一六年大選前夕開始瀏覽 Reddit。坎貝爾完全是因為川普才開始使用 Reddit，她找到川普支持者的專屬看板，板名是「川普」（r/The_Donald），這裡基本上就是全年無休的川普造勢大會。由於 Reddit 信奉個人隱私，和臉書（Facebook）等網站截然不同，而且 Reddit 聊天室雖然有管理員，但是規則非常寬鬆，幾乎允

許匿名使用者張貼任何內容，因此從一開始，川普板就充滿各種極端的少數意見，接著快速演變成陰謀論、可疑言論、大量憤怒攻訐的混亂溫床。雖然川普板相當瘋狂，但是坎貝爾很喜歡這樣的歸屬感，在這裡可以找到某種程度上和自己相像的人，互相交流。

後來透過川普板，坎貝爾又發現華爾街賭場板。她不太清楚華爾街賭場板的歷史，不過透過閱讀貼文略知一二。創板板主是三十歲的技術顧問傑米・羅戈津斯基（Jaime Rogozinski），他的目標是為與保守華爾街格格不入的一群人建立論壇，用來討論股票、投資及賺賠。從一開始，這個看板就很對冒險投機者的胃口。華爾街賭場板普遍認為華爾街只是形象較好的賭場，許多人買賣股票的方式和賭馬、賭牌或玩輪盤沒兩樣，華爾街賭場板的鄉民比一般人更願意承認這一點。而且不像其他眾多討論股票的網站，賺錢的華爾街賭場板鄉民會大聲誇耀，賠到脫褲子的倒楣鬼也不避諱昭告自己的慘況。

雖然羅戈津斯基是創板板主，但是隨著指控浮出檯面，聲稱他試圖「透過看板營利」，謀取私利，最後被踢出自己創立的看板。之後數年，多位管理員陸續接手，努力在這個網路世界裡少數完全匿名的無政府角落維持秩序，這是一份全年無休的工作。

坎貝爾發現這個網站時，當時的管理員是馬丁・希克瑞里（Martin Shkreli），他是反傳統的避險基金經理，媒體稱為「製藥哥」（Pharma Bro）。希克瑞里為追逐利益，將藥品價格調高到令人咋舌的程度，也因此受到猛烈抨擊，最後因證券詐欺的罪名入獄。坎貝爾對希克瑞里這種明目張膽、直言不諱的個性很感興趣；即便她並不認同對方的所作所為，但是對這種不羈，甚至可以說是精神失調的性格感到著迷。

坎貝爾很快就發現，華爾街賭場板是不受控制的論壇，但在這裡討論股票的使用者不光是蠢蛋和菜鳥，事實上，許多發文者其實是當日沖銷交易員，具備經驗與知識，閱讀他們的貼文就像參加股市速成班。在這些交流的背後是一股怒火，對股市不利於一般人的種種規定感到憤怒，坎貝爾也有同樣的想法。

心底的疑問從社群討論中找到共鳴

後來，坎貝爾越來越頻繁造訪這個網站，常在晚上送孩子上床睡覺後，開始閱讀華爾街賭場板上的文章，她很喜歡這種懷抱共同祕密理念的感覺。華爾街賭場板常問的問題，她自己也有一樣的疑問：

為什麼把華爾街交給這些衣冠楚楚的人管理？

他們有為她做過什麼好事嗎？

為什麼好玩的事都只有他們的份？

「這是什麼意思？」欽威問道，指著螢幕頂端，在華爾街賭場板標誌／吉祥物（一個穿西裝、打領帶、戴著墨鏡的金髮交易員，畫風很有一九八〇年代電玩遊戲風格）下方的一行小字：「就像 4chan 找到一台彭博終端機。」

坎貝爾露出笑容。4chan 其實就是一種布告欄，是網路上數一數二惡名昭彰的骯髒網站，是銜接暗網和一般熱門社群媒體之間的橋梁，而彭博終端機是華爾街交易員實際使用的工具，用來榨取老百姓口袋裡的錢。

「類似一句格言。華爾街賭場板是討論股票買賣的地方。」

「像是投資？」

「有時候，有時更像是賭博，有時這兩者沒什麼不同。重點是，在這個網站裡沒有什麼規矩，言論越有顛覆性越好。」

欽威繼續瀏覽，眉宇間的皺紋逐漸加深。

「裡面的內容好糟糕。」

坎貝爾點點頭。管理員試圖維持版面乾淨，不過張貼文章的匿名使用者數量龐大，難免會顯露出醜惡。如果臉書算是模範社群網站，華爾街賭場板則散發強烈的反社會氣息。管理員的工作不是命令任何人噤聲，而是盡力維持一定程度的秩序。

欽威越讀似乎越不安，有許多訊息使用的言辭都相當令人反感，也大量使用網路爆紅哏（包括影片和圖片），有時情色意味明顯。不過坎貝爾覺得這些粗鄙言語好似煙幕，是網站篩選使用者的一種機制，把「衣冠楚楚者」阻擋在外。對那些實際使用彭博終端機工作的人而言，這些下流言論及變態哏圖八成入不了他們的眼，但是對於想推翻當權者的一般人來說，他們在華爾街賭場板找到歸屬。

欽威讀道：「智障、大猩猩。」

「這只是表示親切的用語，多半用來自稱。」

欽威難以置信地看向她，坎貝爾只是聳聳肩。

「你繼續看就會發現，這裡有些人其實懂得很多。」

坎貝爾傾身向前，往下捲動螢幕，找到一則貼文。這是一篇針對某支股票的深入剖析，分析篇幅超過三個段落。發文者無疑花費數小時，甚至好幾天彙整這些研究。發文者提供充分理由，說明他認為某支股票的現值受到低估，解釋自己大量買進的原因。

文字下方是發文者證券戶持股畫面的截圖，顯示他買進的價量。

欽威驚訝地吹了口哨。

「這是真的嗎？這個數字……他真的花了那麼多錢？還貼出來給大家看？他為什麼要這麼做？」

坎貝爾聳聳肩。就某方面來說，華爾街賭場板的內容極為私密，這些匿名陌生人揭露的資訊，私密程度不亞於描寫自己的性生活。這是真實的數字（至少看起來如此），而這個人承受巨大風險，他把自己的交易即時昭告天下，提供證據，沒有比這更私密的交流了。

「妳可以透過這個網站買股票嗎？」

「不行，這裡只是討論區，買股票要用別的工具。」

坎貝爾的皮包放在地板上，就在穿著運動鞋的腳邊，她伸手拿出桌子下方皮包中的手機。她穿了這雙運動鞋一整天，有時去父母家前會換上平底鞋；在非常罕見的情況下，如果下班要和其他護理師外出小酌，或是碰到好友安琪（Angie）從帕薩迪納（Pasadena）北上探訪，就會換上高跟鞋。不過大部分日子裡，她已經受夠上班一整天都隔著口罩呼吸，沒有心情下班後還更換新口罩，坐在餐廳外，看著其他戴口罩的人們匆匆走過。

況且有了反社會網絡，誰還需要社交生活？

坎貝爾把手機放在自己和欽威之間的桌面上，滑動畫面，找到正確的應用程式，然後用稍有裂痕的指甲輕點圖示，接著整個螢幕變成同一種綠色調，一根小小的羽毛從畫面頂端飄落。

「這是什麼？」欽威問道：「電玩遊戲嗎？」

「這比電玩遊戲有意思多了。」

坎貝爾開啟應用程式，看著欽威瞪大雙眼：「欽威，這就是華爾街。」

簡化、數位化的小型華爾街，可以收容在皮包之中。

第五章

以打造公平交易為號召的線上券商

矽谷門洛帕克（Menlo Park），一家快速成長、光鮮亮麗、極端現代、嶄新光亮的公司總部裡，遼闊的等候區中央擺放一張超現代沙發，艾瑪．傑克森（Emma Jackson）試圖找到一個舒適的座位，她在心裡咕噥道：老天，我痛恨獨角獸企業。[3]這張沙發離譜的低，所以傑克森一坐下，膝蓋幾乎和肩膀等高，這張沙發根本不是拿來坐的。在接觸矽谷網路公司之前，傑克森沒想到就連家具也能這麼裝模作樣，不過和這些快速成長的金融科技公司往來六年後，她已經造訪眾多企業總部，知道任何物品——的確是任何東西都可以裝模作樣。

窗戶可以很做作，就像包圍這個開放等候區，同時兼具牆壁功能的二十英尺高巨型窗戶。天花板也可以很做作，就像頭上的木造拱形天花板，深色的外露梁柱比較適合放在牧場風格的鄉村莊園或高檔海灘別墅裡，與科技公司大廳格格不入。庭院的做作程度更是飆破天際，就像窗外的庭院，鋪設木頭和鵝卵石步道，搭配周圍排滿盆栽的戶外造景火爐。

即便如此，傑克森認為，相較於這家公司先前位於帕羅奧圖（Palo Alto）的總部，位於門洛帕克的新辦公室算是有進步了。舊總部位於一個帶狀購物中心附近，距離史丹佛大學（Stanford University）不遠，兩位年輕的公司創辦人在長出能噴射彩虹的獨角前，在史丹佛大學同為室友。舊總部有如迷宮一般，租金無疑也較低，不過不知道為什麼，傑克森在二〇〇六年初造訪時，一樣感到畏怯。一幅大型壁畫幾乎覆蓋原本辦公室的每吋牆面，也許傑克森的不足感來自於此。壁畫主體採用綠、銀色調，由天才橫溢的藝術家奈吉爾・薩斯曼（Nigel Sussman）繪製，這幅由地面延伸至天花板的壁畫，描繪發生在雪伍德森林（Sherwood Forest）中的虛構場景，述說羅賓漢（Robin Hood）和一行法外隨從的虛構故事，只不過畫中將這些角色都替換成貓。

新的門洛帕克辦公室也有壁畫：這群貓咪法外之徒的陣容更浩大，牠們現在或開車，或騎機車，或飄浮在太空中。傑克森坦承她比較喜歡原本的圖案，至少較貼近原本的故事，況且不論如何，她都無法理解網路對貓科動物的迷戀從何而來。

3 譯注：一般指新創公司。

她想可能是自己比較古板，自嘲年紀大了，對獨角獸和貓咪的看法稍微過時也情有可原。傑克森現年三十九歲，卻覺得自己和恐龍一樣老。由於等候區採開放式格局，她可以一眼望見前來拜訪的兩位年輕企業家，正站在十幾碼外充滿貓咪的牆面前接受拍攝。傑克森剛到時，攝影師就已經開始拍照，笑容可掬的助理帶她進入等候區，詢問要不要來一杯卡布奇諾，傑克森禮貌婉拒了。努力在這張該死的沙發上維持平衡時，傑克森最不需要的就是一杯熱騰騰的卡布奇諾，她可不是什麼太陽馬戲團（Cirque du Soleil）的表演者。因此她沒有其他事可做，只能看著兩位無比年輕的男士擺著笨拙的拍照姿勢，一邊回答採訪記者拋出的一連串無害問題。

傑克森不知道記者和攝影師隸屬於哪家雜誌、報社、網誌或播客，可能是《商業內幕》（*Business Insider*）、《華爾街日報》（*Wall Street Journal*）、某家時報，老天，搞不好是《貓迷月刊》（*Cat Fancy*）。眼前這兩位趾高氣揚的年輕人可說是矽谷時下最受歡迎的奇獸，雖然圈外人大部分還不認識他們及其快速擴張的公司。

容易上手的行動應用程式，讓買賣股票更簡便

韋拉德．泰內夫（Vlad Tenev）和拜居．巴特（Baiju Bhatt）並非家喻戶曉的人物，不過他

們的產品正憑藉著出色設計，誘發使用者的貪婪，有如手機病毒一般，快速擴散到家家戶戶、學校宿舍。成立不過幾年，羅賓漢正朝著他們許下的諾言大步邁進：使用者只要一機在手，就能擁有和華爾街銀行一樣的力量，藉此推翻直接面對消費者的古板零售銀行業。表面上，羅賓漢和其他線上證券商——嘉信（Schwab）、富達（Fidelity）、億創（E-Trade）沒兩樣，實際上卻截然不同。該公司的行動應用程式具備史蒂夫・賈伯斯（Steve Jobs）等級的破天荒天才巧思，以千禧世代與投資新手為主要客群，有如直通股市的行動入口網站，比過去所有股票交易應用程式更美妙，和吃角子老虎機一樣簡單好用，令人著迷。

傑克森看著泰內夫和巴特盡力表現出攝影師想傳達的意象，兩人看起來都相當熱切、平易近人，尤其是泰內夫。巴特散發出溫暖、聰穎、靈性的活力，微亂的捲髮長及下巴，笑容和妙妙貓（Cheshire Cat）[4]一樣迷人；泰內夫則有如小狗或填充玩偶，眼睛如同雌鹿般可人，一頭長直髮更像是漫畫中的英勇王子（Prince Valiant），而非俠盜羅賓漢。想當然耳，這兩位年輕人是擁有共同願景的至交好友，瀏覽他們的學經歷和背景故事，你可能會猜想他們不擅社交，但

4 譯注：《愛麗絲夢遊仙境》（*Alice's Adventures in Wonderland*）中的虛構角色，特徵是身體消失時，仍會留下咧嘴的笑容。

是其實兩人都能談笑風生。不過話說回來，傑克森進入這一行已經夠久了，早知道動人的背景故事就和童話一樣，事實根據往往少之又少。每家獨角獸公司都有類似的背景故事，而羅賓漢的成立緣由就與充滿貓咪的魔法森林一樣夢幻、老少咸宜。

傑克森進入等候區，聽著諂媚的採訪記者拋出軟弱奉承的問題，泰內夫再以熟練的答案譜畫出羅賓漢的傳奇背景故事。這是一個深具矽谷風格的童話：泰內夫和巴特都是移民子弟，泰內夫來自保加利亞，巴特移民自印度，就讀史丹佛大學時結識彼此，共通點包括兩人都有擔任教授的父母，也都是獨生子，而且共同主修物理與數學。二〇〇八年，泰內夫錄取加州大學洛杉磯分校（University of California, Los Angeles; UCLA）博士班，打算成為數學家，而巴特畢業後則進入舊金山附近的交易公司工作。同年爆發金融危機，眼見大型投顧銀行雷曼兄弟（Lehman Brothers）倒閉，在巴特的敦促下，兩人分別決定輟學、辭職，開始追逐美國夢。他們來到東岸，打算運用數學技巧成立交易新創公司，為正在尋求自動化策略、力圖振作的避險基金和銀行提供高度複雜的工具，透過「搶先」下單（後來多稱為「閃電下單」或「閃電交易」），每筆交易只賺取微薄價差，不過靠著拉高交易量，累積數十億美元的獲利。

受惠於普及金融服務的年輕世代

不過據說由於這項工具基本上是在幫助有錢人賺更多錢，泰內夫和巴特對此感到良心不安；民眾對於市場不公所產生的憤怒，演變為占領華爾街運動（主要由年輕不平者發起的大規模抗議活動，他們占領紐約街道，疾呼改變），這兩位朋友開始質疑自己是否協助避險基金和銀行家踐踏散戶。泰內夫的一位好友甚至指責他利用市場不公「牟利」，於是他和巴特決定利用所學與研發的技術，打造更公平的競爭環境。

他們選擇以「羅賓漢」為公司命名的理由顯而易見；中世紀的傳說角色羅賓漢與盜賊隨從劫富濟貧，以「重新分配財富」為己任。泰內夫和巴特透過寓言來表達使命宣言：他們的目標並非重新分配財富，而是「普及金融服務」，向被華爾街壓制一世紀的散戶提供公平競爭的必備工具。羅賓漢的計畫相當簡單，具有兩層涵義：為一般人提供免佣金的交易工具，也不設定帳戶餘額門檻；此外，公司從一開始就捨棄電腦，選擇以智慧型手機為主要媒介，因為年輕人最了解、喜愛又信任的工具就是手中發光的小巧螢幕。

攝影師開啟閃光燈，捕捉泰內夫和巴特假裝隨興對話的樣子，閃光燈的亮光讓傑克森不禁眨了眨眼睛。攝影師當然沒有遺漏泰內夫拿出手機，開啟羅賓漢應用程式的鏡頭。

即便傑克森感到厭煩，還是得承認這個應用程式相當美觀。泰內夫和巴特確實站在觀眾的角度來設計應用程式。簡潔大方、渾然天成、令人上癮，開戶就和登入臉書一樣簡單，只要轉移資金（不論金額）到帳戶內，輕按按鈕就能開始買賣股票。使用者可以搜尋喜歡的股票，應用程式會跳出一個頁面，顯示所有可能需要的資訊：價格，顯示每天、每週、每月、每年價格變化的線圖；交易量；以及畫面底端的大按鈕，懇求使用者按下交易鍵。配色也相當美觀，而且每個步驟都規劃視覺、聽覺，甚至是觸覺獎勵機制。當使用者第一次完成下單時，畫面會飄落彩色紙屑。以傑克森的眼光看來，與其說羅賓漢為一般大眾提供可收納在口袋中的精緻交易工具，進而打造公平的競爭環境，更貼切的說法是，他們把整個股市變成刺激的電玩遊戲。深受羅賓漢應用程式吸引的千禧世代與大學生，最喜愛又熟悉的事物不外乎電玩遊戲。

羅賓漢應用程式的使用人數在二〇一八年超過兩百萬，二〇一九年成長三倍，二〇二〇年再度加倍，傑克森知道這些使用者的平均年齡約為三十二歲，中位數更低，大約二十幾歲。而且這些按下按鈕，看著彩色紙屑飛揚的人多是大街上的一般百姓，而不是華爾街的專業人士。正如兩位創辦人承諾的，他們成功「普及華爾街」。但一般民眾不知道的是，這種普及並非沒有代價，一旦深入檢視，童話故事就開始分崩離析，這家公司和傳奇故事的描述不一樣，才不是富人的天敵。

創造投資者、造市商、券商三贏的理想

傑克森在沙發上挪動身子，以免腿麻，繼續等待攝影師和記者採訪結束。拍攝成果無疑相當精采，而雜誌專訪、報紙或網誌文章會大肆吹捧「破天荒」、「平等」，甚至「公正」等字句。這的確是真的，不過傑克森比多數人了解得更深入，她知道報導極為片面。羅賓漢的相關報導並未提及，公司的收入究竟來自何處？這個細節鮮少出現在光鮮亮麗的報導或童話故事中。

這也不能責怪採訪單位，因為答案——「訂單流付款」（Payment for Order Flow, PFOF）相當拗口，和「普及金融服務」這類琅琅上口、簡單易懂的口號完全不能相提並論。簡單來說，羅賓漢之所以能提供零佣金服務，是因為使用者並非公司的客戶，他們只是產品。羅賓漢彙整使用者的交易資料並販售給造市商，也就是Two Sigma、Susquehanna、Citadel等大型金融公司，尤以Citadel為最主要的客戶。這些公司能針對交易流進行近乎即時的分析，透過買賣價差賺取利潤。由於羅賓漢的主要使用者常是偏好高風險交易的菜鳥，而且越來越喜歡高槓桿、風險更高的選擇權交易，交易流波動幅度越大，造市商的利潤就越高，因此羅賓漢也能收取更高的佣金。

所以當初受益於泰內夫和巴特閃電交易軟體的客群，現在透過羅賓漢的「普及金融服務」，

獲得更豐厚的利潤。賺取利潤沒有錯，傑克森也對羅賓漢的取財之道沒有意見，畢竟她是頭腦清楚的專業人士，也任職於基金公司。羅賓漢的使用者確實能享受免佣金的交易服務，所以理論上這是三贏局面，但是當理論與現實出現摩擦時，情況就變得不那麼明朗。

閃光燈再次亮起，映照出泰內夫漆黑的雙眼，他短暫對上傑克森的目光，不過很快就轉移視線。傑克森也不怪對方，她習慣這種反應了。她和泰內夫、巴特的會談無疑會草草結束，絕對比拍攝形象照無趣得多。不像採訪記者，傑克森不是要來談論普及服務、占領華爾街，或是做中世紀打扮的貓咪，她不是矽谷本地人，遠從芝加哥而來，目的是討論現實問題。

就像泰內夫不想談論訂單流付款，傑克森的專業領域更是讓他興趣缺缺，並不是因為議題涉及羅賓漢公司收入來源這類令大眾不安、難以接受的真相，而是因為傑克森的工作對門外漢來說極其無聊。

最受忽略卻極為重要的幕後結算事務

傑克森可以大方承認：結算（clearing）絕對是金融領域最無趣的一部分，實際了解（或願意了解）結算到底在幹嘛的人少之又少。就和訂單流付款一樣，結算是交易順利運作背後的管線，但是報章雜誌幾乎完全不會談論。以亮面紙質印刷的雜誌不會有文章介紹結算，也從來沒有人請傑克森在壁畫前擺姿勢拍照。

但這不代表傑克森的工作不重要，她要和泰內夫團隊討論的議題確實是當務之急。其實這並不是傑克森第一次來到羅賓漢討論結算，當初羅賓漢剛成立時，她的老闆就曾透過旗下負責結算事務的子公司 Apex Clearing，協助這家開創新局的證券商處理這些「無聊」業務，好讓這兩隻獨角獸能盡情嬉戲，不必煩惱日常瑣事。

傑克森還記得當初那場會議，她的老闆麥特．豪爾塞澤（Matt Hulsizer）和珍妮．賈斯特（Jenny Just）是才智過人的億萬富翁，憑藉一己之力打造出世界上最具前瞻思維，但異常低調的金融科技集團企業，他們盡可能以簡單易懂的方式說明，想要在銀行領域創業的人為什麼一定要搞懂結算。會議開始沒多久，泰內夫的眼神很快變得渙散，傑克森明白他們沒把這些話聽進耳裡。當時整場報告，泰內夫的業務開發部副總一直站在滑板上，當豪爾塞澤不經意提到所謂的「三〇年代」規定（規範企業與聯邦結算所（Federal Clearinghouse）進行交割時須準備多少金額（不同於公司自使用者收取的交易款項））時，這位老兄評論道：「二〇三〇年？那還有很久。」

豪爾塞澤盡責地解釋，「三〇年代」規定指的是一九三〇年代，股票交易結算的多數規定都在當時制定完成。那時候想要進入銀行業的企業家不會在開會時站在滑板上，辦公室裡也不會有攜帶弓箭的貓咪壁畫。

在場所有人都同意，羅賓漢應用程式的設計棒極了，不過就像豪爾塞澤當時所說的：「泰內夫，你就像米開朗基羅，你是藝術家，而不是工程師。但這一行不是繪畫或美麗的雕塑，這是一棟建築，是聖彼得大教堂，如果倒塌了，會有人受傷。」

不過從一開始就很明顯，會議室裡的獨角獸聽不進大人的話。也難怪兩年後，羅賓漢決定成立結算部門，直接與監管所有交易的聯邦結算所往來，在公司內部自行處理結算事務。就好像別人告訴你某件事非常重要，但你不完全明白，於是決定自己可以做得更好，真是異想天開。

兩年後的今天，傑克森代表公司再次到訪，想詢問他們有無意願重新考慮將結算事務交由專業人士處理。不過看著兩位企業家完成拍攝（兩人在過程中連看她一眼都沒有，對他們來說，傑克森大概像外面的盆栽一樣無趣），傑克森知道他們還是聽不進去，會繼續按照自己的方法處理。

這次傑克森沒有在附近看到滑板，不過她很清楚獨角獸們把雪伍德森林當作夢幻島（Neverland）[5]經營，排拒大人的監管，而且大概覺得，反正這些想要監督他們的大人也不是自家應用程式的主要客群。羅賓漢的商業模式與收入來源如上所述，但是兩位企業家仍堅稱自家公司沒有為華爾街交易桌前的肥貓謀取利益。

傑克森不禁疑惑，不然他們以為羅賓漢是為誰存在？

5 譯注：《彼得潘》（*Peter Pan*）故事中，孩子永遠不會長大的仙境之島。

第六章

無限期停擺的計畫

密西根州加里多尼亞（Caledonia）

陰沉艱辛的午後兩點。

莎拉．莫拉雷絲（Sara Morales）躺在閃亮秀髮沙龍（Shiny Locks Salon）的三號洗頭躺椅上，雙腳抵著塑膠腳墊，伸展疲憊的小腿肌。肩膀痠痛的她盡可能往後平躺，倚在加了軟墊的頭枕上。莫拉雷絲的手機安放在腹部，隨著疲憊的呼吸上下起伏，不過雖然仰躺在躺椅上，但她仍能看到手機螢幕，主要因為肚子現在約是一顆成熟葡萄柚或小型哈密瓜大小，絕對比一週前更大了，近來似乎每分每秒都在長大。雖然腹部隆起、小腿痠痛，而且每到這時候總會全身疲憊（但是現在距離午餐時間太近，沒有吃點心的好理由，離晚餐時間太遠，吃正餐又有點怪），懷孕四個月還是有著一些好處。

沒有人會責怪莫拉雷絲躺在閒置的洗頭躺椅上休息幾分鐘，而且由於疫情，沙龍裡的人在躺椅間放上薄薄的塑膠隔板，因此這個空間意外隱密。雖然用薄板隔開的小空間裡就只有一張椅子，腳墊離鏡子牆面只有幾英寸，頭枕下方幾英寸的地方架設洗髮盆，不過從沙龍重新開張以來都還沒用過，幸好因為莫拉雷絲兩旁的乳白色塑膠薄板具有一定的透明度，不至於讓她感到幽閉恐懼。打理頭髮是一回事，莫拉雷絲甚至認為這是不可或缺的服務，即便疾病管制暨預防中心（Centers for Disease Control and Prevention）、總統、州長或任何當政者都不這麼認為，而且閃亮秀髮沙龍也已經採取每一項想像得到的預防措施：顧客配戴口罩，造型師戴著口罩與面罩，一切互動就和尷尬的初次約會一樣，保持距離。不過政府規定，只要頭枕到洗髮盆上，接觸到溫熱的水流，就不再算是必要服務，而是過分的休閒活動。

當然，莫拉雷絲來到閃亮秀髮沙龍，並不是為了接受必要服務或從事休閒，她是這裡的員工。她的掃把靠在離躺椅幾英寸的塑膠隔板旁，用來掃除掉落在地上的閃亮秀髮，以免髮絲堆積，絆倒兩位設計師，妨礙他們服務加里多尼亞少數仍在乎外表的中等收入居民。現在一天最多有四位顧客上門，她們匆匆進出的姿態彷彿銀行搶匪：戴著口罩，戰戰兢兢地數著共處一室的秒數，惜字如金，盡可能以最簡潔的方式來表達需求。要是她們停在停車場的車子沒熄火，莫拉雷絲也不覺得意外，車上備妥數瓶乾洗手，隨時準備好揚長而去。

即便到了下午，莫拉雷絲的掃把仍和丈夫崔佛（Trevor）早上送她來上班時一樣乾淨。現在沙龍中只有一位顧客，與莫拉雷絲間隔一張躺椅，造型師正為她進行便宜接髮，客人閱讀從家裡帶來的雜誌，彷彿一切再平常不過。因此莫拉雷絲不必急著再次拿起掃把，她還有很多休息時間，可以用來從事最新休閒，最近這項活動占據她越來越多休息時間，甚至比工作時間還長——她的手機螢幕亮起霓虹般的綠光。

疫情擴散打破對夢幻婚禮的憧憬

莫拉雷絲不太記得當初下載羅賓漢應用程式，並開設交易帳戶是在什麼時候，不過確定是過去一年發生的事。和很多人一樣，她也是因為那個瘋狂的Reddit看板，才認識這家線上證券商。在碰巧發現華爾街賭場板之前，她對股市從未有過興趣，雖然大學修過幾堂經濟學，但是財務總讓她興趣缺缺。和其他人一樣，她是在二〇二〇年頭幾個月意外發現華爾街賭場板。

當時莫拉雷絲幾乎滿腦子想著婚禮計畫，預計在二〇二〇年底舉辦夢幻婚禮。婚禮上會有兩百位賓客，包含她的整個大家庭；教堂擺滿蠟燭和鮮花；父親牽著她步上紅毯，賓客一面鼓掌，一面流下開心的淚水。在一家不算極端豪華但也不差的飯店大廳舉辦婚宴，現場提供開胃小點、暢飲酒吧及現場樂團。但是她的夢幻婚禮從未實現，因為新冠肺炎、因為二〇二〇年、因為種種緣故。

不過當時大家都還對未來一無所知，於是莫拉雷絲大部分空閒時間都用來翻找網路上的婚禮網站，從 Pinterest 上超出預算的豪奢婚禮照片到臉書貼文，最後連結到 Reddit 上花藝布置的專屬看板。某個傍晚，莫拉雷絲正在瀏覽關於鬱金香與百合花優劣比較的熱烈討論時，注意到一串貼文提到另一個不相干的看板。發文者大肆抱怨那個看板有多乖僻、令人作嘔，那裡的使用者似乎以年輕男性為主，自稱為「智障」、「自閉兒」、「低能兒」，使用下流文字與骯髒哏圖來表達看法。莫拉雷絲對鬱金香和百合花的爭論正好感到厭煩，於是前往那個看板一探究竟。

剛來到華爾街賭場板時，莫拉雷絲也對部分用語產生反感。她不喜歡「智障」的稱呼，也不確定這些人發布的內容（呈現高額賺賠的瘋狂持股）是否屬實，抑或只是捏造的胡說八道，但是她明顯感受到華爾街賭場板的凝聚感，曾瀏覽的其他看板都沒有這種特質。儘管主要發文者應該是男性，但是莫拉雷絲確信，應該有相當比例的使用者來自更多元的背景，就像她一樣，因此花藝板女士的批評不完全屬實。

即便如此，如果沒有爆發新冠肺炎疫情，莫拉雷絲猜想自己可能不會再次造訪華爾街賭場板，因為會有太多事要忙，二〇二〇年本來應該是她發光發熱的一年。不只是婚禮，還有其他種種原因，她即將邁入三十歲，即將結婚；未婚夫剛獲聘到科羅拉多州丹佛的一家小型新創公司擔任資訊科技經理。她和崔佛有好多計畫：準備租下一間小巧完美的連棟式住宅，擁有山景，到崔佛辦公室的通勤距離也不遠。他們也選定婚禮日期——十月六日，已經挑好邀請函。邀請函是柔和的白色，邊角飾有花卉，附帶回函卡，讓賓客挑選雞肉或魚肉的餐點。

不過新冠肺炎疫情爆發後，所有計畫都被打亂了。他們無法搬到科羅拉多州，只能和大家一樣躲在家裡。三個月來的生活，不外乎用消毒紙巾擦拭買回來的雜貨、上藥房返家後沖澡淋浴、戴口罩，甚至是手套。莫拉雷絲看著預計在三月與五月舉辦婚禮的朋友一一被迫取消，每次聽到類似的消息，她和崔佛只能無奈對視，兩人知道十月不遠了，對於必然的未來都心知肚明，只是還不願意承認。

網路成為填補心靈空缺的慰藉

他們根本沒機會寄出邀請函。更糟的是，丹佛的那家新創公司失去財務收入，因此兩人揮別山景住宅，在加里多尼亞租了一間兩房小公寓，距離兩人長大的底特律不遠。崔佛另找一份醫療器材集團後勤部門的不起眼資訊科技工作，而莫拉雷絲則接下掃頭髮的工作，至少對家庭收入能有些微幫助。閃亮秀髮沙龍也沒有什麼特別之處，就是小鎮或帶狀購物中心常見的連鎖沙龍，乾乾淨淨，但稱不上高檔，不過至少在這裡可以拿著掃把賺幾塊錢。在工作方面，莫拉雷絲有更宏大的計畫，原本打算在丹佛尋找創意設計的工作，她在大學時對這個領域稍有研究，不過目前最重要的是幫助家計。

後來莫拉雷絲只好取消夢幻婚禮，改在父母家的後院舉辦小型婚禮儀式。即便如此，那天還是很美好，那是一個清朗的晴天，儘管只有少數家人和親近朋友能到場見證，但是父親一樣牽著她走上紅毯。雖然莫拉雷絲對於未能實現的婚禮感到傷心，但不久後就發現自己懷孕的好消息。二〇二〇年有很多遺憾，雖然疫情打亂計畫，但她覺得自己獲得更棒的回報。她知道，當寶寶來到這個世界上，一切都會有所不同，會是一個新的開始。

不過在此之前，看著肚子慢慢隆起的同時，莫拉雷絲只能掃頭髮，和家人、朋友暫停往來。她有崔佛的陪伴，儘管很愛丈夫，但有時不禁覺得這並不足夠。

從許多方面來說，華爾街賭場填補這份空缺。她知道這很愚蠢，任何二、三十歲有點常識的人，都不該把生活重心放在充斥哏圖，用下流語言討論股票的網路留言板，不過莫拉雷絲目前能做的就只有期望未來——期待寶寶的誕生、期待疫情好轉、期待未來某天找到其他工作、期待重返社交生活。一天花幾個鐘頭，不動腦筋地瀏覽這個混亂的論壇，看到冒險買進就推，愚蠢燒錢就噓，又有什麼錯呢？

雖然幾週後，莫拉雷絲對這個網站越來越著迷，但卻沒有向任何人提起這個小嗜好，就連崔佛也不知道。她不太確定丈夫會怎麼想；在兩人的家庭生活中，崔佛負責掌管財務：帳單、稅務、少數他們能湊得出錢的投資，很少談論錢的問題。在莫拉雷絲的記憶裡，兩人從未討論股市，這不是他們會討論的話題。

所以嚴格來說，莫拉雷絲也不是故意隱瞞對華爾街賭場板的興趣，但她很開心這是自己獨有的小嗜好，其他人沒有必要知道。假如崔佛發現了，她不知道對方會作何感想，不過至少可以說自己學到很多關於華爾街、財務、股票方面的事。

對升斗小民處於弱勢感到憤憤不平

況且莫拉雷絲又沒有真的買股票，至少目前還沒有。瀏覽看板，看著這些她只知道帳戶名稱的人在高風險部位押上高額賭注，在底特律藍領郊區長大的她發現，自己對華爾街的反感可以追溯到童年時候。父親是零件供應商的運輸經理，任職於汽車產業，小時候的鄰居、親友都從事同一行，因此也親眼見識到二〇〇八年的慘況，有很多朋友的父母被迫接受資遣、失去家園、被迫遷居。她也和大家一樣看報紙，新聞報導華爾街大銀行獲得政府紓困，接著汽車製造商也獲得金援，但是她家有好多朋友都失去工作與房子，莫拉雷絲覺得一點都不公平。

莫拉雷絲感到憤怒、失望，因此一直對政府懷有適度的不信任。莫拉雷絲覺得政府機關應該保護像她這樣的一般老百姓，但是他們失職了，只保護有錢人、銀行、汽車製造商，那些人原本就領有高薪，不必擔心生計等問題。雖然莫拉雷絲才二十幾歲，卻已經看過太多慘況：四〇一(k)退休金帳戶被清空、房市崩跌、勤奮工作的人們被搞得暈頭轉向。

她了解潛伏在華爾街賭場板貼文之下的憤怒暗流，雖然板上有些人純粹只是在賭博，追逐冒險的刺激感，但有更多人用自己的錢來宣示主張。他們互相分享資訊，將彼此視為對抗華爾街的盟友，向踐踏一般百姓的富裕特權者發動某種階級戰爭。

這些發文者一再提起羅賓漢，據說銀行家多年來就是利用這種工具操縱系統，而這款應用程式能為一般人提供相同的金融工具，莫拉雷絲很感興趣，因此在手機下載。她甚至轉移一小筆錢到帳戶裡，包括沒機會花掉的數千美元婚禮預算，和政府發放的部分新冠肺炎「紓困金」——總共才一千兩百美元，這點錢對她的生活最好能有實質幫助，支付幾個月的租金和車貸，一切就歸零了，因此她只好到沙龍裡掃頭髮打工，等待孩子出生。

也許她還能做些什麼？也許華爾街賭場板裡，瘋瘋癲癲又出口成「髒」的低能發文者說中了什麼？

莫拉雷絲倒臥在躺椅上，一隻手撫著葡萄柚／哈密瓜大小的肚子，一隻手滑著羅賓漢應用程式，看著華爾街賭場板提到的股票線圖，她心想：賭一把真的有什麼錯嗎？

從華爾街的交易桌到密西根州加里多尼亞的閃亮秀髮沙龍，沒有比這更遙遠的距離，但是現在莫拉雷絲只要動動手指，掌握華爾街賭場板提供的資訊和羅賓漢應用程式這項強大工具，這一次情勢不再一面倒，競爭環境似乎不再不公平。

莫拉雷絲搖搖頭，關上手機。她還沒準備好踏出下一步，儘管握有強大工具，認識由賭徒與階級鬥爭者組成的新社群，但還需要有人推她一把。在此之前，莫拉雷絲只要旁觀就滿足了，雖然世事不如預期，但是至少她的不滿有了出口，至少現在她有這項全然屬於自己的祕密嗜好。

莫拉雷絲把手機塞回裙子口袋裡，從躺椅上起身，將注意力轉回掃把上。

第七章
散戶與賣空機構的對決

老兄，大家都覺得我瘋了，但我覺得眾人皆睡我獨醒……

吉爾往後靠坐在蘭尼斯特家族的電競椅中，手伸向腦後，繫緊頭巾，感覺絲滑的布料緊貼著皮膚。他全身都在顫抖，胸口起伏不已。他今天又穿著另一件招牌T恤，圖案是跳到半空中的花貓，張牙舞爪，發狂、飢餓的樣子似乎能吞噬整個該死的世界。

吉爾望向桌面，穩住脈搏，確認所有交易工具都放在伸手可及的地方：圖表、筆記本、神奇八號球、Uno紙牌。他今天還準備其他的東西：一盤現烤雞柳條。方才吉爾用烤箱加熱雞柳條時，卡洛琳以為他在為女兒準備食物，後來看他端著盤子走進地下室，立刻翻了白眼。

我買賣超值股票好幾年了，卻從未遭遇這麼沉重的看跌態勢……

吉爾不確定自己會不會在這場直播中吃到「嫩雞柳」（tendies），這是華爾街賭場板上用來指稱股票獲利的流行說法；stonks是另一個華爾街賭場板的爆紅用語，意指「股票」（stocks），不過故意拼錯，有自嘲的意味，因為一般認為在不入流的Reddit看板中跟從或提供股票意見的人，腦袋大概和中學時坐在教室後排吃蠟筆的學生一樣。最近的行情不如預期，所以等卡洛琳下午帶女兒從公園回家時，可能還剩下很多雞柳條，不過吉爾仍然保持樂觀（也可能是妄想的樂觀）。

再過幾分鐘，直播就要開始了，吉爾的筆記型電腦已經打開、開機，放在面前，不過還沒切換到當天要用於直播的畫面，目前開著華爾街賭場板的視窗，過去幾週來，他勤於在這個狂熱的股票論壇上發表文章，頻繁更新自己的交易明細，YouTube和推特帳戶也同步更新。整體來說，他的貼文簡單明瞭：交易帳戶的螢幕截圖，列出所有持股，包括帳戶總額與每日賺賠。最近幾個月，吉爾的貼文內容變得更單純，雖然他的彈藥庫裡還有幾支股票標的，不過帳戶中的持股以單一檔股票為主。吉爾把雞蛋全放在同一個籃子裡，近乎執迷地把全副身家押在同一支股票上，透過購入股份與買權，將資金槓桿拉高到極端程度。

我預期風向將在下半年開始轉變，那時投資人會開始想辦法玩新主機，於是逐漸了解我的想法……

吉爾原本不打算愛上單一檔股票，他並沒有一見鍾情，感情是慢慢升溫的。近十八個月前，直播這件事還只是腦海裡的一個模糊想法，而不是涉及攝影機與雞柳條的大工程。不過吉爾現在不得不承認，他確實戀愛了，不只是一時情迷，而是認真的交往關係，和他現實生活中的關係一樣深沉真摯，還孜孜不倦地透過直播與貼文，分享關係中的點點滴滴。

明天公布資料後，我會一如往常發布更新，數字一定很難看，大家也會照常取笑我……

在眾人看衰時發現獨到之處

一開始，吉爾獲得的回應以奚落居多，而且有好長一段時間都是如此。不過他也承認，這些人完全有理由這麼做。雖然他是綁著頭巾、穿著貓咪T恤的成年男子，並不是以萬通人壽職員的身分買股票，更不是華爾街的交易員，但嚴格來說，他也不是菜鳥。

吉爾知道，不是所有人都會細看他彙整的圖表與研究，對他而言再明顯不過的事實，其他人可能覺得霧裡看花。吉爾的閱歷夠廣，知道選股這件事，緣分的重要性不比數學低。遠見和幻覺之間的界線有時相當模糊，他也不完全確定自己屬於哪一邊，或許那些奚落說得沒錯，或許他被愛蒙蔽雙眼，才會出現錯覺。

但我預期和前兩次公布收益一樣，GME股價即將反彈……

吉爾相信遊戲驛站的前景被大幅低估，當他在二〇一九年七月剛開始買進這家公司的股票時，幾乎沒有人認同他的想法。遊戲驛站是擁有三十五年歷史與超過五千五百家分店的實體連鎖品牌，專營電玩遊戲主機、實體遊戲光碟、相關電子產品，以及古怪有趣的反主流文化玩具〔例如《瑞克和莫蒂》（*Rick and Morty*）卡通劇集中的醃黃瓜瑞克娃娃（Pickle Rick），還有電玩遊戲《要塞英雄》的可動人偶〕的銷售與轉售，這家公司在數位和網路當道的年代，的確不是大家關注的焦點。光是二〇一九年上半年，遊戲驛站的銷售下跌超過一三％，而且衰退趨勢已經持續數年，同時公司領導階層更迭頻繁，十二個月內換了五位執行長。銷售衰退、領導階層變動頻繁、公司幾乎沒有前瞻策略，也難怪吉爾剛開始注意到這家公司時，遊戲驛站的股價已經在四至五美元間徘徊好一段時間，也難怪除了他以外，多數人都不屑一顧。

但吉爾也不是為了故意唱反調，才開始關注這家公司，他深入研究遊戲驛站，開始發現其他人忽視的細節。遊戲驛站並不是不像樣的公司，在電玩遊戲產業中坐擁大前輩的地位。二〇一九年，電玩遊戲零售業規模已成長到一千五百億美元以上，而且隨著人們花費在網路上的時間越來越長，成長速度毫無趨緩跡象。遊戲驛站未能把握現有客群與先行者優勢，沒有克服實體經營的弱點，但不代表無法轉型。該公司在線上轉型方面經營不善，就和百視達（Blockbuster）、博德書店（Borders）、黑莓（BlackBerry）等眾多公司一樣（還只是列出B

開頭的公司），不過這不代表為時已晚。

吉爾也無法忽視GME吸引他的感情因素，如同他那一代的很多人，都愛死遊戲驛站了。他此時此刻就坐在遊戲電競椅上，他是打電動長大的小孩，某些最棒回憶就來自在布羅克頓西門商場（Westgate Mall）遊戲驛站店面走道間消磨的時光，精挑細選買下一款遊戲，和兄弟用一個週末破完全部關卡，週一再回到店裡換別款遊戲。的確，當時你只能在實體商店裡購買實體遊戲，在現代孩子的眼中，這種行為就和迅猛龍一樣屬於上古時代，不過吉爾不認為網路能完全取代實體店面的選購經驗，那種感覺永遠不會消失。

也許百視達沒有存在的必要，因為它販售的東西已經走入歷史，不過遊戲規模有增無減，主機越來越時髦，遊戲社群越加茁壯。

此外，在所有人都認為遊戲驛站瀕臨倒閉的情況下，吉爾相信還有另一個誘因，有利於選擇這家公司的股票，因為有太多錢押在不看好的那一邊（空頭部位量大），如果他猜想得沒錯，到時股價上揚的速度會比下跌來得快。

賣空者的獲利之道

賣空有時稱得上是一門藝術，吉爾身為財務教育者，花了很多時間說明這種操作，好讓外行的客戶也能理解。如果投資者認為某家公司陷入危機，目前股價被高估，就可以「借入」股份並賣出，等到股價如同預期下跌時，再以較低的價格買回，歸還給借出股份者，藉此賺取價差。假設遊戲驛站目前的交易價格是五美元，你可以借入一百股並賣出，拿到五百美元，當股價跌到一美元時，再用一百美元買回一百股，歸還股票，賺取四百美元的價差。你會需要支付一小筆費用給出借股票者，不過扣除借券費用還是有可觀的利潤。

但是，如果股價不跌反升呢？為數上百萬的懷舊顧客每年的電玩遊戲消費上看數十億美元，如果遊戲驛站能想出方法吸引部分錢潮？如果股價沒有跌到一美元，反而大漲到十美元呢？

結果就是賣空者會賠到脫褲子，因為賣空者借入一百股，並以每股五美元的價格賣出，但是股價已經漲到十美元，他仍必須歸還這一百股股票，以十美元的市價買回，代表他必須花費一千美元。更糟的是，借入股份時，雙方會約定歸還期限。時間流逝，歸還期限在即，賣空者可選擇現在就以十美元的價格買回，損失五百美元，或是再多等一會兒，希望股價能在期限之前回跌。

如果賣空者選擇等待，股價卻繼續上漲呢？他遲早都得買回這些股份，即便股價上漲到十五、二十美元，仍須歸還這一百股。理論上，賣空者的虧損沒有上限。

也就是說，假如遊戲驛站的股價不論什麼原因開始上漲，做空該公司的投資人會開始感受到回補的壓力；上漲幅度越大，壓力就越重。隨著做空者買回股票，歸還出借者，空頭部位開始回補，又會再次推升股價。

這個現象的金融術語叫做「軋空」（short squeeze），這種現象不常見，但是一旦發生，將會非常壯觀。最著名的一次是二〇〇八年，保時捷（Porsche）突然宣布取得德國汽車製造商福斯汽車（Volkswagen）大量股份，賣空者急於回補空頭部位，使得福斯汽車的股價在短短兩個交易日內飆升到原來的五倍，短暫成為全世界市值最高的公司。另一起類似事件則是，潘興廣場資本管理（Pershing Square Capital Management）的經營者比爾．艾克曼（Bill Ackman），指控營養補充品製造商賀寶芙（Herbalife）採用老鼠會的行銷模式，因而做空該公司；另一方面，投資人卡爾．伊坎（Carl Icahn）卻大力買進該公司股票，引發兩位避險基金巨頭大戰，導致軋空，據報艾克曼因此虧損十億美元。也許最早受到廣泛報導的軋空事件，可以追溯到一百年前，一九二三年，零售大亨克雷倫斯．桑德斯（Clarence Saunders）旗下的連鎖雜貨店小豬商店（Piggly Wiggly）剛開業不久，就遭到賣空者鎖定，不過桑德斯大量買進自家股票，成功反制這些投資者。

因為有太多人不看好遊戲驛站和整體實體零售業，空頭部位的金額極高，幾乎到了荒謬的程度。過去六個月來，放空比例在整體流通在外股數的五〇％至一〇〇％之間上下浮動，也就是幾乎所有的遊戲驛站股票都被放空者借券賣出，而這些投資人有義務在未來某個時間點買回。

如果吉爾猜對了，股價不跌反升呢？你就會看到一群投資者爭先恐後，想從一道窄門逃出燃燒的大樓，股價將會一飛沖天。

重量級人士出手推升股價

吉爾身為財務教育者，知道賣空可說是市場上風險最高的操作。投資人必須非常確定股價會下跌，因為賺幅有限，但是如果賭錯，虧損卻沒有止境。有那麼多專業投資人賣空遊戲驛站的股票，可能表示這家公司真的一蹶不振；同時也代表股價已滿載火箭燃料，一經點燃便會飆破天際。

因此吉爾買進遊戲驛站，一開始不多，但是買股票會上癮，還有羅賓漢應用程式的推波助瀾，原本的數千美元很快就演變成總額五萬三千美元的股份，部分是直接權益，部分為買權。吉爾嫻熟財經知識，知道選擇權交易的風險所在。買權的風險沒有賣空高，因為選擇權的虧損有一定上限，只要讓選擇權到期失效就好。買方支付一筆費用，取得在未來某個日期前以一定價格買進一定數量某檔股票的權利。選擇權交易為每單位一百股，費用依據需求而定，會隨著市場對於股價走勢的態度波動。由於取得一百股買權的費用只是全額股價的一小部分，因此投資人可以用相對較小的金額操縱較大部位。假如股價上揚，投資人將能大賺一筆；如果下跌，頂多就是手上的選擇權一文不值，只會損失已經投入的金額。

散戶購買的選擇權有八成都以虧本作收，但是如果你可以動用的資金不多，要爭取最高獲利，沒有其他更好的方法。五萬三千美元是一大筆錢，尤其吉爾還有妻子和兩歲的女兒要養，房子也是租來的。小時候，父親一年的薪水差不多就是這個數字，不過吉爾非常有把握，即便股價在五美元附近徘徊，他確信自己看到其他人忽視的價值。

吉爾第一次在華爾街賭場板發布遊戲驛站的文章時，多數回應是看好戲的心態，但是他也碰過直截了當的敵意，直到二〇一九年八月，情況才開始轉變。某個週四，吉爾起床時發現股價竄升二〇％，後來發現是知名投資人暨避險基金經理麥可・貝瑞（Michael Burry）寫信給遊戲驛站董事會，表示自己旗下的傳人資產管理（Scion Asset Management）買進該公司三％的流通在外股數，相當於兩百七十五萬股，並表示相信遊戲驛站的營運狀況比許多人預期的更好。

貝瑞準確預測二〇〇八年的房地產崩跌，同時也是麥可．路易士（Michael Lewis）編劇，亞當．麥凱（Adam McKay）執導電影《大賣空》（*The Big Short*）的主角之一。接受《巴倫週刊》（*Barron's*）訪問時，貝瑞進一步指出，索尼（Sony）和微軟（Microsoft）都將推出新的遊戲主機，而且雖然有一大部分玩家會選擇下載數位遊戲，但是兩家公司都尚未捨棄實體光碟機，因此能吸引更多顧客光顧遊戲驛站，貝瑞也表示遊戲驛站的「實際情況沒有看起來那麼糟」。

貝瑞不只推升股價，更在華爾街賭場板的社群中掀起波瀾，至少讓大家覺得吉爾也許不是徹底的瘋子。華爾街賭場板對貝瑞有著莫名的親切感；貝瑞自稱是亞斯伯格症患者（自閉症光譜上的一種疾病），而且電影裡飾演者克里斯汀．貝爾（Christian Bale）表現的古怪特質，對於常在留言中以「自閉兒」自稱的叛逆鄉民來說，能引發極大的共鳴。某方面來說，這些自嘲是一種防禦機制，標誌華爾街賭場板社群是主流的對立面：華爾街賭場板的使用者族群並非什麼拯救世界的英雄，而是一群老婆偷腥的「智障」。

後續效應引發的漣漪

貝瑞的信件公開，後續的市場效應顯現後，華爾街賭場板開始稱頌吉爾這顆明星。當天下午，吉爾在定期貼文中附帶寫道：

嘿！貝瑞，感謝你拉抬我的持股市值。

帳號 Techmonk123 的貼文者回應：

老天，老兄，你怎麼會花五萬三千美元買遊戲驛站的股票？

吉爾回嗆道：

因為這檔股票每股價值超過八美元，而且有眾多催化劑將會在未來十八個月內，將股價催升到合理價格。

吉爾的股票資產已成長到投入金額的兩倍以上，持股市值超過十一萬三千美元，不過抱持懷疑態度的人還是遠多於信服者。「咆哮小貓」的 YouTube 影片觀眾仍不到五百人。

持股已超過十萬美元，吉爾知道可以拿這筆錢改變生活，也許不再租屋，買下房子，或是出門旅遊。不過隨著貝瑞加入戰局，他還不打算脫手。

另一位懷疑論者表示：

你被希望和夢想蒙蔽了，沒有好好傾聽市場的聲音。

那時，吉爾也只能誠實以告：

你為什麼覺得我的理論根據是「希望和夢想」，而不是正經的分析？

幾個月過去，吉爾沒有改變立場，信仰不曾動搖。即便遊戲驛站因為疫情被迫關閉所有美國分店，即便公布的二〇一九年假期銷售數字慘不忍睹，吉爾仍繼續盡責地發布對帳單，上面盡是代表虧損的紅字，原本賺到的錢已經幾乎全數賠光。

帳號 brutalpancake 的鄉民質疑他的執著：

有的股票叫超值股票，有的其實是一灘死水，在我看來，這檔股票已經發臭好一陣子了。

吉爾的回應後來成為他的個人座右銘：

沒錯，有超值投資，就有他媽更超值的投資。

吉爾心裡有一部分也知道，他的行為簡直是瘋了。他是綁著頭巾、穿著貓咪T恤、窩在地下室的成年男子，正盤算著要不要吃桌上的那盤雞柳條。這位成年男子的 YouTube 頻道名稱是「咆哮小貓」，以 DeepFuckingValue 的帳號在 Reddit 看板上發文。

他心中的理性知道：愛情很危險，推動自己前進的信念，也可能害你走上絕路。

不過即便如此，他也不會是第一個為愛自毀的成年男人。

第八章
力圖財富自由而孤注一擲

「聽起來像是飲料的名字。」

波的父親外表還算年輕，不過當他瞇起眼睛，估量高爾夫球道前方十幾碼的水坑時，眼周縱橫交錯的皺紋透露出年紀。雖然髮際線快速後退，兩側開始出現灰髮，但是安德魯・波（Andrew Poe）不像快五十歲的人，不過他的談吐確確實實是中年老爸無誤。

「還是某個巴西電視節目？你確定沒說錯嗎？」

「趕快揮桿啦！反正我們都知道你一定會打進水坑。」

波的父親總算把注意力放回腳邊結霜草皮上的球，兩手緊握高爾夫球桿，笨拙地屈身向前，讓桿頭靠近地面。他的身高將近一百八十公分，這支球桿對他來說太短了，而且握把下方金屬的部分有點歪，感恩節前後，波回老家時，他們從鄰居的二手出清拍賣會買來時就已經是這樣了。鄰居還向他們推銷整組球桿和一個磨損的高爾夫球袋，不過波的父親覺得對初學者來說，一支球桿加上幾顆球就夠了，畢竟他們也沒打過高爾夫球。

波的父親擺好架式，準備揮桿，口中一邊念念有詞：「YOLO，聽起來滿酷的。」

他把球桿往後舉到肩膀上，現在動作看起來更笨拙了，可以明顯看出他這一生沒上過任何一堂高爾夫球課。他們不是平常會出現在高爾夫球場上的人，不過話說回來，糖山郡立高爾夫球俱樂部（Sugar Mountain County Golf Club）只是公立球場，而且現在是十二月底，地面都結了一層霜。第六洞在半結冰湖面的另一邊，那裡甚至出現雪堆，總之，不管球洞是在湖的另一邊，還是北卡羅萊納州的另一頭，他們都不可能把球打到附近。

不過能和父親到外面透氣還是很不錯，更棒的是現在是聖誕假期。這裡通常不會這麼早開始下雪，也許天候異變也和疫情有關，因為反正沒有人要出門，全球暖化就減緩了，而北卡羅萊納州糖山（Sugar Mountain）準備進入冰河期。

兩人從德罕長途開車，回到雙親位於藍嶺山脈（Blue Ridge Mountains）度假小鎮中的家，這一路上既有趣又令人煩躁；美國四二一號國道上，三小時的車程景色優美，車流稀疏，不過波被迫要聽弟弟沒完沒了地抱怨宿舍生活。即便有著種種限制，顯然嘉士柏的校園生活比波豐富多了，因此波要求在車程中都要戴上口罩，而且決定返校時接受檢驗並自主隔離，他覺得有責任保護自己的社交泡泡。

但是和父親一起來到戶外的高爾夫球場，波感覺此時此刻幾乎回歸正常。微風吹拂，他和父親保持距離，周遭也沒有其他人，終於可以脫下口罩。也還好旁邊沒有其他人，因為他們並未穿戴合格的高爾夫球服飾，兩人穿著運動衫、夾克外套和牛仔褲，波穿著運動鞋，父親則穿著奇怪的鋪毛雪靴，那是他在阿什維爾（Asheville）西邊美國原住民賭場的附設商店買的。更糟的是，他們只有一支球桿，因此只能輪流使用。此時父親奮力一揮，把球擊出，高爾夫球並未劃出一道抵抗地心引力的弧線，而是筆直地往前飛。球飛到湖中央，接著掉落在結冰的湖面，彈跳兩、三下後就沉入水裡。

父親說：「我真是天生好手。」

雖然落點不太漂亮，但是波知道父親的運動細胞比他和弟弟好多了，他與弟弟都是身形修長，和母親一樣。父親在高中時玩過多種運動，大學時期則專練足球，成年後的身材也一直維持得不錯，不過現在腹部比波小時候印象中更圓潤一些。但是看到父親的體重稍微增加，波一點都不擔心，其實正好相反，他常常忘記父親每隔幾個月還得找腫瘤科醫師回診，進行例行檢查，如果注意到父親的健康或外表出現任何變化，還是免不了會擔心。

人生只有一回的買股策略

波從父親手中接下球桿，說道：「你一定趁我在學校時偷偷練習。」而後伸手從夾克外套口袋裡掏出一顆高爾夫球，放在身前的地上。

父親回應道：「當然，我們搬來這裡後，我和你媽每天早上都會來這裡。所以你剛剛說的YOLO，是一種生活哲學嗎？」

波用桿頭敲敲地面，感覺球桿的重量。

「比較像是一種理財策略，你做研究、深入了解基本面，權衡風險與獲利機會，然後孤注一擲。」

波將球桿舉過肩膀，瞄準，然後全力揮擊。波揮桿落空了，桿頭和球差了半英尺的距離，慣性害他差點摔倒。好不容易站穩後，波的臉上掛著微笑。

他必須承認，這句話聽起來確實有點可笑，YOLO是「You Only Live Once」（人生只有一回）的首字縮寫，的確很像勵志書籍中會出現的正能量短句，敦促讀者別計較小事，只管訂下西班牙伊比薩島（Ibiza）的旅遊行程，或是買下那件新的皮衣外套，好好寵愛自己。不過在投資方面，這種策略近乎禁忌。但是波在華爾街賭場板上看得越多，就越相信以他這樣的一般年輕人碰到這種反常時局，面對比以往更不平等的競爭環境，以小搏大的策略儘管看似乖張，其實頗有道理。

波並不意外，過去幾週來，華爾街賭場板上很一大部分的使用者開始信仰這種交易哲學，最佳代言人就是板上快速崛起的新星，他的帳號是DeepFuckingValue（簡稱DFV）。自從發現DFV的遊戲驛站貼文後，波花費好幾小時觀看這位老兄在YouTube頻道「咆哮小貓」裡的直播，不得不承認這個人的確很有魅力，對方的研究很聰明，而且不吝於分享，以簡單明瞭的方式說明交易背後的思路邏輯，目的不像是要矇騙大家，也看不出他有任何不可告人的動機，只是真的很喜歡遊戲驛站這家公司，於是決定採取YOLO策略，押上手邊所有可以動用的錢，打賭這支股票將會一飛沖天。

令人驚訝的是，DFV的賭注並不像板上其他九〇%的YOLO交易一樣血本無歸，事實上，他的投資報酬意外的好。雖然二〇一九年夏天，貝瑞對遊戲驛站表示興趣後，這檔股票的命運稍微好轉，不過股價開始有明顯起色卻是在幾個月前。八月底，DFV注意到證交會的一份紀錄，隨後分享給YouTube觀眾和Reddit板友。八月二十八日，企業家暨億萬富翁瑞安・科恩（Ryan Cohen）向證交會報告，自己以每股八美元的價格，取得遊戲驛站一〇%的流通在外股數，大約九百萬股。科恩投入七千六百萬美元，相信遊戲驛站將扭轉局面，不過不像DFV

基本上就只是愛貓鄉民，他是電子商務界的天才，十年前以一千五百萬美元的資金，創立名為Chewy的寵物食品網路公司，後來Chewy年收益成長到兩億五千萬美元，他再以三十三億五千萬美元出售給PetSmart。Chewy在二〇一九年上市時，市值暴增到四百三十億美元以上。

科恩投資遊戲驛站之舉，是抬升股價的重大催化劑，接下來幾個月，GME股價連漲五倍。這樣的漲幅讓DFV從默默無名的使用者，成為華爾街賭場板的傳奇人物之一。

期待集中投資標的，扭轉疫情造成的劣勢

波已幾乎背下DFV兩天前在聖誕節發布的影片，記錄他持有這檔股票以來的瘋狂歷程。咆哮小貓頻道中，這支影片的標題是「LESSSSSSSSGOOOOOO」，DFV在影片中看起來有些激動，和平常不太一樣。他一樣綁著招牌紅色頭巾，不過這次穿的不是貓咪T恤，而是一件黑色上衣，上面印有電玩遊戲風格的「遊戲結束」（GAME OVER）標語，八〇年代和九〇年代，幾乎所有電玩遊戲的結尾必定會出現這幾個美好的大字。

DFV在影片開頭先說道：「嘿，大家好嗎？恭喜！」接著開門見山地說明，他投資遊戲驛站的五萬三千美元已經賺到超過一百萬美元的報酬。對於事情的演變，DFV和大家一樣吃

驚，他真的只是一般人，並在影片中提到：「我開的不是名車，房子也是租的，這段時間對我們家來說就像坐雲霄飛車一樣，過去這幾個月和你們一路走來，是非常有趣的經驗。」波感覺自己見證一起驚奇美妙的事件，而且這不是瞎貓碰上死耗子的好賭運，而是策略集大成的展現。

波重新擺出有模有樣的預備揮桿站姿，一邊說道：「他們的想法是，如果你是華爾街大銀行，或是住在豪宅裡的有錢人，你當然可以分散投資標的，去除風險，以穩定的定期報酬為目標，但如果你是一般人，背負房貸、學貸、車貸……」

「像是咆哮小貓？」

「對，如果是我們這樣的一般大眾，分散投資只是原地踏步，東賺一些、西賺一點，沒有什麼用處。最後把投資部位賣掉後，你的問題還是一樣，生活並沒有變得比較好，還是有帳單要付……」

「帳單？你哪有在付帳單？」

波笑了出來，他知道自己過得很舒適，父親每個月都會寄支票給他，支付生活開銷和學費。在新冠肺炎之前，他有一份兼職工作，替教授做資料科學研究，負擔部分學貸，但是現在主要靠父母接濟。波知道華爾街賭場板上有很多人的情況比他來得差，疫情對社群造成嚴重衝擊，許多人因此失業。所以波很能理解，他們會想要運用手邊僅有的錢來改善情況，不甘只是稍微改善，而是想要扭轉頹勢。

波說：「你知道我的意思。所以與其聽取《今日美國》（*USA Today*）專欄或是CNBC頻道理財顧問的建議，不如自己做研究，盡可能深入鑽研，然後傾其所有，孤注一擲。」

波再次揮桿，這次總算打到球了，不過球並沒有朝著湖的方向飛，而是往右直接衝進雪堆裡。他搖搖頭，再從口袋中拿出另一顆球。

父親說：「我懂，分散投資是老人家做的事，坐在教室後排吃蠟筆的小鬼頭不信這一套。」

波有些意外。顯然聖誕假期前幾週，波的父親和兒子寫電子郵件或電話往來時，都有注意兒子提到的事；或許他也花了一點時間瀏覽華爾街賭場板，查看DFV的貼文（每一篇的標題都是「GME YOLO更新」）和下面的回應，也許連那些可笑的哏圖都看到了。波確定父親看不懂大部分的哏，更準確來說是入不了父親的眼。《決戰猩球》（*Planet of the Apes*）和《星際大戰》（*Star Wars*）電影片段的改圖，甚至還有股票賭輸的喝尿影片，都無助於說服父親板上也有可靠的理財建議。不過波試圖解釋，板上的用語就是同儕溝通的方式，假如沒有疫情，他的大四生活會在酒吧、宿舍派對，甚至是男大學生聯誼會所和朋友一起度過，但是現在只能透過網路進行社交，他們的聯誼會所就是華爾街賭場板。

冒險有時反而可能是正確抉擇

在這種情況下，YOLO策略合情合理，波認為採用YOLO策略投資遊戲驛站更聰明，原因不光是咆哮小貓說這檔股票深具潛力。確實，波看出這家公司的基本面有一些問題，也沒什麼道理相信管理階層擁有將公司導向正軌的毅力。此外，只要近幾年曾造訪遊戲驛站分店，就會知道現在的店面有多過時。走進遊戲驛站，彷彿不小心闖入二手出清拍賣會，店內物品散亂，毫無條理可言，二手電玩遊戲堆疊在絨毛玩具和雜七雜八的娛樂相關商品旁。在迷宮般的貨架之間閒逛，令人摸不著頭緒，有時甚至有點嚇人，在一排毛茸茸的粉紅色填充玩偶的貨架尾端，可能突然出現可怕的齧齒類人偶，手中還握著染血的鏈鋸。

假設你好不容易找到想要的商品，結帳又是一場未知之旅。櫃檯前永遠在排隊，而且前進速度就像漂流的浮冰一樣慢，店員通常都是黏人、寂寞、渴望對話的宅男，就和遊戲驛站的典型顧客一樣。

不過即便如此，波相信遊戲驛站能夠改變。他相信科恩能幫助這家公司，華爾街賭場板也已經開始集結，支持GME。有越來越多人跟隨DFV，買進GME股票，波了解這場行動的力量，希望父親也能理解。

波知道父親心中擁有的YOLO精神，不比華爾街賭場板鄉民來得少。波七歲前都住在北卡羅萊納州羅利（Raleigh）附近，還清楚記得父親有一天從任職的中階法律公司提早下班回家，向家人宣布想要拋下一切，購買一艘船。法律公司的老闆提醒父親，這幾年正是他人生的收入高峰，但是父親仍決定收拾家當，帶著全家人出海遨遊，揚起雙體船的船帆，一路南下前往佛羅里達州，接著是巴哈馬群島，一邊在小島之間晃蕩，一邊讓兩個兒子自學。

波在七歲至九歲都過著這種瘋狂又逍遙的生活，不知道父親到底是瘋了，還是其實做出人生最棒的決定。直到波十歲時，父親終於把離開北卡羅萊納州以來，埋藏至今的祕密告訴他和弟弟。

他得了癌症，侵襲性腎臟癌。

當晚，波上網搜尋父親所說的病症，他小時候就很擅長電腦，每當雙體船駛近港口，或靠近其他較大、設備較先進的船時，就會偷用Wi-Fi。上網研究後，即便是他這樣的十歲小孩也知道，父親的情況並不樂觀。更糟的是，父親得知癌症診斷時，正巧碰到二〇〇八年金融危機，市場崩跌。父親辭去工作（反正在這種經濟情況下，可能也保不住工作），想到自己如果過世，妻子就必須獨力扶養兩個年幼的小孩，於是賣掉房子和所有股票，舉家搬到船上。

好在波很幸運，父親克服逆境，透過手術與治療戰勝癌症，恢復健康，也找到法律領域的職位，重新累積帳戶餘額，最近在糖山購屋。不過一路走來，父親也學到深刻的經驗，了解世事變化有多快，生命可能有多不公平，而冒險的瘋狂之舉往往反而是正確選擇。

「你打算投資多少？」父親問道。波聽出他語調的變化，儘管有那些低俗的哏圖，但或許父親真的意會到華爾街賭場板的精神。是什麼說服了老爸，貝瑞、不斷增加的賣空量，還是DFV一貫的樂觀態度？或是他同意該是讓波掌舵的時候了。

波回答：「我的學校帳戶裡大概有六千美元。」

「那是讓你買課本和吃飯用的。」

「大家都高估這兩者的重要性了。」

「波！」

波再次揮桿，這次正中紅心。高爾夫球以漂亮的弧線往前飛去，接著直直落入湖心。父親拍拍他的背，肢體的接觸讓人感覺好窩心，到了二〇二〇年底，任何接觸都令人欣慰。

父親說：「或許我也會買一些。YOLO，你說是吧？」

父親笑了笑，伸手接過球桿。

第九章

股價一路上揚，吹起反攻號角

坎貝爾的手指懸浮在手機螢幕右下角膠囊形狀的橘色數位按鈕上，感覺腎上腺素激升，自己都嚇了一跳。她猶豫了一會兒，沉浸在興奮感之中。坎貝爾結束長時輪班回到家，在小巧實用的廚房桌邊坐下，把大兒子布萊恩（Brian）堆在桌上的課本推到一旁，差點弄翻小兒子凱爾（Kyle）的樂高（Lego）作品（上頭突出一根不知道是魚鰭還是潛望鏡的東西，因此可能是巨齒鯊或潛水艇），幾分鐘前還覺得全身倦怠，現在疲憊感已經完全消散。她即將做出一件平常不太會做的事，感覺興奮，甚至有點瘋狂。

天啊！這種感覺棒極了。

她往桌子後方望去，小巧的客廳對面連接著走廊，通往公寓另一頭兩個兒子的房間。現在剛過晚上九點，屋子裡好不容易安靜下來。坎貝爾很清楚兩個兒子根本還沒睡，布萊恩一定拿出藏在床墊底下的 iPad（十五歲的男孩怎麼會以為媽媽不知道他們藏東西的地方？），而凱爾大概躲在被子裡，拿出手電筒，進行最近的新嗜好——冰棒棍建築工程，也可能在擺弄樂高 Death Star 模型，那是他上次生日時，坎貝爾從某個中國網站以美國售價的十分之一買來的生日禮物。前夫不太高興她送 Death Star 模型，認為坎貝爾讓小孩有「難以實現的過高期待」，或其他類似的評語，但是坎貝爾決定置之不理，懶得和對方吵架。坎貝爾現在和前夫相處得不錯，事實上，她和兩個孩子的生父目前關係都不錯，這種情況相當罕見，因此不希望輕易改變現狀，即便和前夫相安無事，日子已經夠辛苦了。

話說回來，考量種種情況，坎貝爾其實過得還不差。她有一間三房公寓、一台新洗碗機，窗外是安靜的小庭院，住家附近大部分是新建築，代表這一帶經濟還不錯。鄰居也很友善，多半是專業人士，因為坎貝爾下班回家時總穿著醫院工作服，所以對她相當尊重，而且她的小孩也沒有在公共走廊玩火，惹事生非。

其實他們算是很乖的小孩，在看似失調的家庭環境中長大，卻都沒有學壞。布萊恩有一半的時間和坎貝爾在一起，另一半的時間則待在父親家，他們全都盡力和諧相處。坎貝爾與布萊恩的父親不必上法院打離婚官司，因為嚴格來說，他們根本沒有結婚。

兩人在賓州州立大學（Pennsylvania State University）相遇，大一時認識，坎貝爾是擊劍選手，布萊恩的父親是袋棍球員。他們的關係進展得很快，到了大一尾聲，幾乎每晚都在對方的宿舍房間裡度過。

大二寒假回家那天，坎貝爾意識到不太對勁，那是她第一次驗孕。十九歲生小孩完全不在兩人的計畫中，不過坎貝爾還是念完大二，然後搬回家照顧小孩。秋天時，坎貝爾重新進入加州州立大學（California State University）就讀，當時她和前男友已經感情生變，同時意會到人生是她必須獨立整頓的課題。

不再滿足於旁觀，實際投入戰局

六年後，坎貝爾在照顧早熟兒子的同時，展開護理師的職涯，這時候第二位生父走進她的生命。生父二號是坎貝爾大學前男友的袋棍球隊友，兩人透過臉書好友邀請重新建立聯繫，她後來才發現對方一直很喜歡自己。幾次單純的訊息往來進展成交往關係，某次坎貝爾前往麻薩諸塞州拜訪對方，結果兩人馬上決定同居，於是她載著男方所有家當，包括兩條狗和兩隻栗鼠，開車回到加州。幾個月後，他們在後院舉辦婚禮，由大兒子擔任戒童。不久後凱爾出生，坎貝爾和生父二號的關係開始變差，後來兩人離婚，跑了幾次法院，對方積欠好幾次扶養費。坎貝爾變成兩個孩子的單親媽媽，背了一屁股債和破碎的夢想。

凱爾年紀大一點後，坎貝爾和生父二號的關係改善不少，靠著護理師的工作還完大部分債務。她無法依靠對方的扶養費，不過兩個孩子都適應良好、快樂無慮。照顧兩個小孩讓她忙得不可開交，因此家裡常是亂糟糟的模樣。布萊恩常待在房間裡，不過凱爾不管做什麼，總會把那個空間搞得一團亂。臥室可能到處散落著冰棒棍，一包氣球就能讓客廳滿目瘡痍，不過坎貝爾已經接受這個事實，有小孩的家就像戰場，也放棄試圖整理環境，於是心情比以前好多了。

儘管如此，孩子熄燈後，坎貝爾一個人的休息時間就像是每天小小的奇蹟，而今天似乎更加神聖，她從打卡下班後就在期待這一刻。

她知道自己很容易沉迷，常常投入一件事到忘我的地步，過去曾有許多興趣。坎貝爾在高中和大學時勤練擊劍；也著迷於自我成長，二十幾歲時曾花費一整年，深入鑽研勵志演說家東尼．羅賓斯（Tony Robbins）的教誨，甚至參加幾次羅賓斯的週末研習營，學習如何辨識自己的需求、集中精力、做出能帶來實質改變的決定；當然，還有川普。她也曾在好友安琪的敦促下，花費數個月追溯自己的祖先。安琪哄勸她申請加入慈善組織美國革命女兒會（Daughters of the American Revolution），入會資格就是在直系親屬裡找到一位經認證的美國愛國人士。在有目標的探究下，坎貝爾發現一大堆符合資格的親戚，包括一位曾曾曾舅公擁有一把火槍，雖然不確定他是否曾用槍瞄準任何人。

當坎貝爾下定決心要做某件事，就會全心投入。

不過華爾街賭場板完全是另一回事，一開始這只是在醫院和家裡打發空閒時間的有趣活動：瀏覽訊息、為聰明的股票購買決定喝采、取笑慘烈的虧損。後來坎貝爾變得相當熱衷，不僅會在板上發文，多數是詢問理財策略或某支特定股票，讀到幾篇特別有說服力的貼文後，她還親自進場，用羅賓漢帳戶買進幾支股票。不是什麼大錢，因為羅賓漢沒有設置帳戶餘額門檻，所以坎貝爾能挪動幾百美元到帳戶，投入股票交易。雖然她已經虧損大部分資金，但是購買股票帶來的興奮感不容置疑。

在不動搖家本的前提下，享受買股帶來的興奮感

現在坎貝爾準備好更進一步，因為過去幾週，她和華爾街賭場板所有使用者都見證到一起獨特又重大的事件。

坎貝爾不太了解遊戲驛站。當然，大兒子愛極了，因為他大部分時間都在打電動，雖然遊戲

幾乎都是直接從網路下載，逛電玩遊戲店的樂趣卻一點不減，尤其是一家專為了解《要塞英雄》與《機器磚塊》差異的顧客打造的電玩商店。坎貝爾不太在意遊戲驛站這家公司本身，著迷的是GME這支股票。

她從DFV的貼文和直播認識這檔股票，以追溯自己祖先、尋找愛國人士的認真態度研讀這些文章與影片，想要找尋是什麼特質讓咆哮小貓深深愛上這支股票，以至於賭上身家。她聽對方講述貝瑞和科恩也為這家公司背書，一邊做筆記，一邊聽DFV講述賣空量，聽對方說明一檔股票幾乎所有股份都被賣空可能代表的意義，也用驚嘆的心情看著DFV以五萬三千美元資金滾出一百萬美元的財富。

華爾街賭場板的特點是，你不會感覺對方像是電視上趾高氣揚向觀眾說教的名嘴，也沒有口若懸河的「專家」接連拋出一些坎貝爾永遠搞不懂的術語。DFV只是眾多大猩猩和智障之一，講述自己真心相信的事。

坎貝爾非常喜歡，也想要加入戰局。她知道驅動自己的部分原因是錯失恐懼症（Fear of Missing Out, FOMO），不想錯過這個機會，因為已經有一個留著鯔魚頭的平凡愛貓男子因此變成百萬富翁。她知道說服自己的，其實不是DFV持續不懈、謹慎查證的長篇貼文或評論，而是這個人和YOLO態度被形塑出的英雄特質。

決定要離開板凳，加入戰局後，剩下的就是挑選時機和投入金額。雖然貿然購買股票本身不是負責任的行為，但至少她的底線是不能動搖家本。整體來說，坎貝爾很節儉，還在駕駛二〇〇六年出廠的本田（Honda）汽車，里程數已經超過二十三萬英里；自己和兩個孩子的衣服全部來自二手商店；審慎地使用折價券，只購買特價商品。坎貝爾的工作有一個四〇三(b)退休帳戶，已經為退休生活累積一小筆積蓄，這些錢全放在安全的先鋒（Vanguard）指數股票型基金（Exchange Traded Fund, ETF）中，儘管因為冠狀疫情短暫下跌，不過如今已重整漲勢。

之前跟著華爾街賭場板亂買的股票，已經虧損大約四百美元，因此坎貝爾必須謹慎一點，但她還是挪動五千美元到交易帳戶。這是一筆大數字，不過她選擇這筆金額有兩個原因：這筆錢就算血本無歸，也不會影響家庭生計；此外，如果DFV說對了，遊戲驛站股價能漲到現價每股十六美元的兩倍以上，她就能支付布萊恩的牙套費用。

坎貝爾打算一開始先買進一百股，和她在板上讀到的某些貼文相比，這根本微不足道，但對她來說，這是一筆鉅款，當她終於按下「買進」的按鈕，全身上下的每個細胞都興奮無比。

雖然現在是收盤時間，但坎貝爾的羅賓漢帳戶似乎和她一樣激動，她手中的手機震動一下，儘管沒有出現彩色紙屑（因為幾週前第一次買進那些垃圾股時，就欣賞過這個畫面），她的血管卻仍感受到多巴胺的湧動。明早開盤時，羅賓漢會把這筆交易的箭射向Citadel、Two Sigma或Susquehanna，幫她順利買到股票。

第十章

期待趁火打劫的華爾街肥貓受懲

無論多努力裝飾診察室，在門邊擺滿盆栽、在牆上張貼豔陽高照的希臘小島亮面海報、隱藏在一大堆醫療設備後的喇叭流瀉出輕柔的背景音樂，但即便是強力通風系統也無法吹散醫療場所典型的消毒水味，莫拉雷絲進入這種地方時，焦慮感總是揮之不去。

由於密西根州採取嚴格的新冠肺炎防疫措施，莫拉雷絲的丈夫只能留在外面的車上等待，院內的護理師穿著淺藍色工作服，口罩和面罩底下應該帶著微笑，語氣溫和地告訴莫拉雷絲這只是例行檢查，但她還是覺得脆弱不已。莫拉雷絲躺在診療台上，四周圍繞著機器和一位戴著口罩的陌生人，場景有種超現實的感覺。她的衣服掀起，露出腹部，現在肚子的大小已經遠超葡萄柚，絕對是哈密瓜的大小，甚至更接近瓜類家族中體積更大的西瓜。

婦產科醫生隨後也進入診察室，他穿著醫師袍、戴著手套，架勢彷彿管弦樂團的指揮。醫生的雙下巴藏在口罩之下，雖然戴著眼鏡，但莫拉雷絲看出對方的雙眼炯炯有神，讓她感覺放心一些。看著醫生，想像著口罩下看不見的笑容，莫拉雷絲知道自己只是窮緊張，這真的只是例行檢查，她是年輕、健康的孕婦。

而且肚子每天越來越大。

醫生友善地揉揉她的肩膀，接著移動到她床邊的機器旁查看螢幕。機器沒有朝向莫拉雷絲，但是她能看到對面牆上亮面海報反射的綠光，閃爍的畫素在阿馬爾菲海岸（Amalfi Coast）邊翻騰的海浪上跳動著。

醫生向護理師說了一些話，接著護理師走到診療台邊，輕輕幫莫拉雷絲把衣服往上拉一些。她說：「會感覺有一點涼哦！」接著拿起一根白色管子，在莫拉雷絲肚子擠上一些透明凝膠。然後護理師後退，讓位給醫生，醫生拿著連接著長長電線的探頭形狀儀器，按壓在莫拉雷絲的腹部皮膚上，力道比她預想的更大，因此稍微縮了一下，接著醫生移動儀器位置，這裡壓一下，那裡按一下。醫生看著機器，莫拉雷絲也望向機器的方向。機器隨著醫生的動作稍微轉向莫拉雷絲，但她還是無法看到完整的螢幕，只能稍微看到模糊的線條，她瞇起眼睛想看仔細，不過醫生一直移動儀器的位置，顯然在尋找什麼，一邊還敲打著連接在螢幕下方鍵盤上的按鈕。

莫拉雷絲屏住呼吸，希望醫生能順利找到正在尋找的東西，同時盡量壓抑因為按壓而造成的笑意與尿意。她心想，笑出來倒是沒關係，但她可不想尿在診療台上，那會很尷尬。

醫生停下動作，眼角浮現皺紋，莫拉雷絲猜想他的笑容加深了。醫生向護理師點點頭，按了一下鍵盤上的按鍵，診察室迴盪著撲通、撲通的聲音。

莫拉雷絲問道：「那是？」

醫生點點頭，然後指著螢幕上的小點。莫拉雷絲看出來了，一小團跳動的東西，那是心臟。附近有一顆頭，至少莫拉雷絲猜想那是頭，還有向外伸展的小手。

莫拉雷絲說：「好美。」

莫拉雷絲不敢相信正在看著自己的小寶寶，儘管還不知道是男是女，也不確定自己想不想知道，不過她的確正在看著自己的孩子。再幾個月，孩子就會出生在這個世界上。那時還需要口罩和隔離嗎？她只知道，對她來說，這小小的心跳意味著一切都將改變，而她對此感到無比感激。

莫拉雷絲希望崔佛也能在這裡，站在她的身旁，緊握她的手。她想著崔佛一個人待在車子裡，大概很擔心，不過也許同時還要接聽工作電話，一通接著一通；最近一連好幾天，她從沙龍下班後，都獨自回到空無一人的家，為兩人做晚餐，再把崔佛的那一半裝進塑膠保鮮盒裡，放入冰箱。她能了解，診察室螢幕上的那個小點讓她更了解丈夫的付出。二〇二〇年即將接近尾聲，但是他們的日子並沒有變得比較輕鬆。

多頭與空頭的白熱化對抗

醫生又敲下按鍵，讓螢幕靜止，打斷莫拉雷絲的思緒。

他問道：「妳想留做紀念嗎？」

莫拉雷絲點點頭，醫生走進隔壁房間，列印照片的機器放在那裡。護理師遞給莫拉雷絲一疊紙巾，然後跟著醫生走到另一個房間，留下莫拉雷絲自行清理肚子上的凝膠。

莫拉雷絲盡量擦去皮膚上的凝膠，然後把衣服往下拉，蓋住肚子。醫生和護理師都還沒有回來，她不確定該不該起身；於是決定繼續等待，然後伸手從放在附近椅子上的皮包裡拿出手機。她打算傳簡訊給丈夫和母親，告訴他們肚子裡的小花生、心跳及小手，卻發現自己又打開熟悉的畫面。躺在診療台上，旁邊靜止螢幕上顯示的是她的寶寶，現在感覺不該是瀏覽華爾街賭場板的時候，不過莫拉雷絲還是開啟程式。

過去幾週以來，華爾街賭場板好像莫拉雷絲的第二個家，就像臉書或 Instagram 曾是她生活的一部分。莫拉雷絲會看著貼文發笑，最近板上的內容也讓她開始思考，因為一件激動人心、前所未見的瘋狂大事正在上演。

莫拉雷絲看了ＤＦＶ的所有貼文——她怎麼會錯過呢？畢竟對方的文章都已經置頂，吸引大量關注。她也看了部分直播，不過不管這個人再怎麼有魅力，誰有時間看完整場五個小時的遊戲驛站大混戰？她也大略瀏覽YouTube和華爾街賭場板其他使用者，在對方影片與文章下方的評論。

顯然很多人開始買進，股價也已經漲到每股將近二十美元。莫拉雷絲猜想，ＤＦＶ剛開始發文主張該公司股價遭到低估時，原本設定的目標價大概就是這個數字，但是她並不認為股價的上漲和ＤＦＶ提到的消息有多大關聯，包括《大賣空》裡的古怪主角，或是常被做成哏圖的寵物食品企業家對這檔股票的興趣。

她相信有更深層的原因。

莫拉雷絲獨自一人待在診察室裡，一邊等著醫生回來，一邊滑動手機畫面，尋找在華爾街賭場板中標記書籤的一則貼文，那是她之前回頭閱讀各個留言串，想要進一步了解來龍去脈時發現的文章。這是Reddit和網路整體的一大優點，正如俗話所說的，網路不是用鉛筆寫成，而是原子筆；任何一件事一旦進入網路空間，無論原本多麼平淡無害，都彷彿有了自己的生命，不再受原作者控制。

當然，帳號Stonksflyingup在十月二十七日於華爾街賭場板上發布的爆紅影片，和平淡無害八竿子打不著，那則貼文的標題是「GME軋空和梅爾文資本之傾頹」，內容擷取自電視迷你影集《核爆家園》（*Chernobyl*）的影片片段，影集本身的劇情圍繞在造成國際災害的俄羅斯核反應器熔毀事件，Stonksflyingup自行為影片加上字幕。由於華爾街大型避險基金公司梅爾文資本，持有大量遊戲驛站的空頭部位，他認為這家基金公司即將面臨等同於車諾比（Chernobyl）核電事故的大災難；他認為遊戲驛站多頭與華爾街空頭的對抗，將以梅爾文資本的慘烈核爆作為結局。

這支影片立刻在板上引起轟動。瀏覽數百則留言後，莫拉雷絲了解影片不是隨機選擇梅爾文資本當作攻擊目標。板上眾多使用者透過各種哏圖、留言、批評，宣洩心中對華爾街的炙烈怒火，現在這些憤怒有了一個宣洩出口、明確目標。

不再只是股票，而是美好的象徵

根據莫拉雷絲讀到的資訊，梅爾文資本之所以被華爾街賭場板當作眾矢之的，是因為該公司在今年初秋向證交會提交十三F持倉報告（Form 13F），這份文件條列數則看似例行的交易中，包含該公司的遊戲驛站賣權部位[6]。不過由於報告是公開資訊，而華爾街賭場板鄉民有意願（和空閒）篩查每一份證交會紀錄，尋找關於遊戲驛站的蛛絲馬跡，因此梅爾文資本提交的十三F持倉報告無意間讓自己變成過街老鼠。對華爾街賭場板來說，梅爾文資本突然成為華爾街一切罪惡的化身。遊戲驛站備受華爾街賭場板鄉民愛戴，雖然可能經營不善，但是現在有一家一本正經、受人敬重，管理數十億美元資金的基金公司，由西裝筆挺的專業人士經營，想要利用遊戲驛站的衰敗大撈一筆，簡直罪不可赦。

莫拉雷絲從影片發布後的貼文看出，板上的態度出現根本轉變，他們買進遊戲驛站不再只是想要賺錢，事實上，許多留言表明正好相反的立場：大家願意，甚至樂意虧損投入遊戲驛站的每一分錢，只是要和梅爾文資本作對，想要給這家基金公司代表的勢力重重一擊。

GME不再只是某支股票，而是一個標誌、一個竄紅的口號，象徵當下黑暗而驚人的事件。莫拉雷絲躺在診療台上，寶寶在體內成長著，這讓她感到脆弱不已，但她了解眾人憤怒的情緒，因為她就是其中之一，她的靈魂深有同感。

數百萬人被迫待在家中，他們可能失業，看著帳戶餘額逐漸消耗殆盡，全無發聲的機會，沸騰、躁動的憤怒伴隨著不安和天殺的苦悶感，這時他們突然發現，某家避險基金公司賣空遊戲驛站的股票，根本是在落井下石。眾人目睹疫情肆虐，只能透過 Instacart 訂購生鮮雜貨，靠 DoorDash 把晚餐送到家門前，從亞馬遜（Amazon）訂購衛生紙，在這種時局下，遊戲驛站的存在可能已經沒什麼道理。沒錯，遊戲驛站在疫情爆發前就已經開始衰頹，就和其他實體商店一樣，百視達、博德書店或淘兒唱片（Tower Records）倒閉時，無人吭聲，因此梅爾文資本這種避險基金當然要賭一把大發橫財的機會，再次從我們身邊奪走一個美好事物。不過就如同這場對抗的口號，也許這次的結局不必和以往一樣；也許這一次，我們可以做些什麼，出手阻止、發聲、改變結局。

GME 代表的不只是遊戲驛站，而是鼓動的口號。

婦產科醫生快步回到診察室，莫拉雷絲快速用手掌蓋住手機，遮住螢幕。莫拉雷絲還沒有加入遊戲驛站的戰場，只是潛水的旁觀者。不過一天又一天，她正鼓起勇氣。她的羅賓漢帳戶尚未曾拋出彩色紙屑，但是她知道自己遲早會準備好。

醫生往莫拉雷絲躺著的診療台伸出手，遞給她剛印出來的超音波照片。照片色調很暗，幾乎都是藍藍綠綠的，不過莫拉雷絲可以清楚看出肚子裡小寶寶的形狀。

6 譯注：賣權是契約到期日前或到期日當天，以約定價格賣出特定股票的權利，是看跌股價所做的操作。

莫拉雷絲發現自己流下眼淚，不知道究竟是高興還是難過，不過長久以來第一次，她覺得自己無比堅強。世界很不公平，過去一年特別艱辛，但是現在她覺得即將為自己開闢前路，也許這一次她總算能嘗到勝利的滋味。

也許情勢總算站在她這一邊。

第十一章

縱橫股海讓勝利成為一種習慣

勝利不是一時的，勝利是一種習慣。

雖然普洛特金早在新冠肺炎剛開始肆虐全球時，就於三月十三日關閉梅爾文資本位於麥迪遜大道的辦公室，現在正安穩地待在佛羅里達州租賃的寓所裡，但是他閉上眼睛，彷彿立刻回到曼哈頓，穿梭在公司空無一人的走廊中，走過玻璃帷幕的高科技會議室和裝潢簡潔的辦公室、空空蕩蕩的交易桌與檔案中心，即便是在他的腦海裡，這一切也感覺不對勁。

你不能只是偶爾獲勝；不能只是偶爾把事情做對，你要一直保持。

普洛特金知道哪裡不對勁，因為無法忽視這股寂靜。對他來說，這是疫情肆虐的一年中最難以忍受的情況。即便在離開紐約，前往佛羅里達州之前，他就已經深受其擾：一切都安靜到了極點。在冷冽但晴朗的週二午後，二十二樓辦公室下方的市區街道，應該被汽車、計程車及公車擠得水洩不通，相互爭奪車位，喇叭和咒罵聲漫天飛舞。人行道上應該人潮絡繹不絕，遊客手上大包小包，從麥迪遜大道上林立的高檔商店裡提著購物袋走出來；往來的商務人士身著套裝，拿著筆記型電腦包、後背包或古怪的公事包，不是在講電話，就是吆喝著招呼計程車，同時還要閃躲街上的熱狗攤與清真食物小攤。辦公大樓玻璃旋轉門外的廣場應該聚集不少人群，手中揮舞著咖啡和精心擺盤的高價沙拉；隨著天色逐漸變暗，廣場附近的克莉絲蒂雕塑花園（Christie's Sculpture Garden）華燈初上，熱鬧不已。

勝利是一種習慣。

但現在只有一片寂靜。街道、人行道與廣場幾乎空無一人，就和梅爾文資本的辦公室一樣。疫情剛剛爆發的那幾天，紐約彷彿遭遇五級颶風，誰能忘得了救護車警笛迴盪不停的那幾晚？誰能忘記醫院人滿為患的慘烈畫面？然而這一切已逐漸褪色成一連串沉悶、麻木的回憶，夾雜著焦慮、樂觀與永無止境的恐懼，雖然如此，紐約獨樹一格的喧囂熱鬧仍尚未回復。

如同市區的大部分公司，梅爾文資本的多數員工都遠距上班，只有在必要情況下，才會有人偶爾到辦公室一趟。除了這些偶爾出現的稀客外，辦公室只是一具空殼；所有摩天大樓中的辦公室都是空殼，彷彿廣袤無風海洋上漂流的鬼船。

對普洛特金來說，這樣的寂靜還有他和公司交易員之間遙遠的距離好不真實。梅爾文資本管理數十億美元，僱用三十幾位交易員與支援職員，這不只是一家避險基金公司，而是一個大家庭，由業界最聰明、勤奮、高成就的人才組成，由普洛特金和合夥人精挑細選，懷有高尚的一致目標。

勝利是一種習慣。

普洛特金咬緊牙關，想像著自己穿梭在辦公室裡，這些有力的字句迴盪在腦海中。走進任何一家管理數十億美元的華爾街公司，迎面而來的會是懸掛在大廳內價值上百萬美元的藝術品：尚—米榭・巴斯奇亞（Jean-Michel Basquiat）、巴勃羅・畢卡索（Pablo Picasso）、安迪・沃荷（Andy Warhol）、傑夫・昆斯（Jeff Koons）；和投資組合經理閒聊時，在他擺放彭博終端機的辦公桌後方，可能掛著價值三千萬美元的飛揚色彩。

不過從一開始，普洛特金一手打造的梅爾文資本就與眾不同。當你走進梅爾文資本，不會看到畫作，迎面而來的是勵志金句。他剛創立公司時，當時只有一面金句牆，不過現在到處都是。這不花普洛特金一毛錢，不過對他來說，它們的意義遠勝任何畢卡索畫作。

運用多／空股票策略，屢創投資佳績

在這種危機時刻尤其如此，普洛特金的世界變得奇異而不真實，腳下鋪有地毯的辦公室地板似乎開始動搖，而疫情不是唯一的原因。此時他可以求助於體育史上常勝軍——綠灣包裝工隊（Green Bay Packers）知名前教練文斯．隆巴迪（Vince Lombardi）的智慧話語，協助自己專注在最重要的事物上。從一開始，隆巴迪的名言就充分掌握普洛特金理想基金公司背後的哲學：要獲得真正的成功，交易員就要知道，他必須每天勤奮工作，絕不苟且馬虎。穩定獲利勝過炒短線，成功沒有捷徑。

成長過程中，普洛特金不只崇拜隆巴迪，還熱愛各種體育運動——足球、籃球，尤其是棒球，也難怪他時常以球場上的事件比喻交易世界。普洛特金的童年回憶包括閱讀週日報紙的體育版，並背下每位球員的數據；有一次，父親載他和朋友觀看紅襪隊（Red Sox）比賽，普洛特金整趟車程都在糾正朋友引用的數據。其他小孩就算和他一樣熱愛棒球與籃球，對他們來說，那些數據就只是數字，可是普洛特金一直都明白，數字之中蘊含著強大的威力。目前的數字和過去的數字經過適當處理與分析，就能預測未來的數字。對梅爾文資本這樣的基金公司來說，預測未來數字就是主要，甚至是唯一的工作。

一般來說，避險基金的後勤分析比董事會成員有哪些人更重要。雖然避險基金公司規模龐大，但是運作相當隱密，除非法律要求，否則不願意透露任何底細。梅爾文資本等基金公司剛成立時，是少數公開策略的時機。梅爾文資本採用多／空股票策略（這是一種主流投資方法，由來已久），主打追根究柢的密集研究，預測模型納入數百家公司，追蹤時間長達數年，旗下專業交易員都是華爾街最聰明、最優秀的人才。

梅爾文資本一成立便締造佳績，二〇一五年創造四七％的利潤，成為當年度業界第二成功的基金公司；二〇一七年利潤仍達到四〇％；二〇一八年流年不利，不過二〇一九年成果豐碩，從此站穩頂尖基金公司的地位。梅爾文資本憑藉十億美元的初始資金（其中有兩億美元來自普洛特金的前老闆柯恩），現已成為價值一百二十五億美元的基金公司，持有眾多股票的多／空部位。梅爾文資本成立的第一年，普洛特金的投資標的主要是消費用品公司，他任職於S. A. C.資本時就專精這個領域，投資部位包括亞馬遜、運動服飾與鞋類零售商Foot Locker、高級牛排連鎖餐廳Del Frisco's、運動用品店Dick's Sporting Goods；普洛特金從一開始就毫不手軟，投入管理總額十億美元中的九成。

身為一家多空並行的基金公司，梅爾文資本也持有空頭部位，代表看壞某家公司，多數財經專業人士都不認為這種策略有任何爭議。如果某家公司表現不佳、管理不當、屬於夕陽產業，或是不論任何原因可能即將倒閉，持有空頭部位不僅合情合理，還能替市場標示出股價過高的股票，藉此保護市場，查核可疑的管理方式以防範詐欺，戳破可能的泡沫。賣空投資人還能提高股票的流動性與交易量（因為他們必須在未來某個時間點買回股票）。沒錯，公司倒閉能讓賣空投資人獲利，不過他們通常不指望公司倒閉，只是期望股價向下修正，反映公司的真實價值。

不過有時候，投資人也會因為公司確實即將倒閉而做空該公司，也許那家公司的所屬產業正在凋零、管理階層不願或無法扭轉頹勢、財務面臨難以克服的深層根本問題。

梅爾文資本極為擅長辨識這種公司，雖然整體上，公司投資以做多為主，但空頭部位也獲利甚豐。該公司成立第一年，據報已有七〇%的獲利來自空頭部位，也是在這段期間，普洛特金在自己的基金公司成立初期，第一次深入檢視遊戲驛站，然後決定做空。

在當時，這個決定完全不費腦筋，簡單明瞭。二〇一四年，遊戲驛站每股股價四十美元。持有空頭部位的不只普洛特金，許多華爾街公司也看出不祥徵兆，明白賣場型態零售商店與過度擴張的消費連鎖品牌未來必然的走向。遊戲驛站的營運模式過於陳舊，透過實體商店銷售全新和二手電玩遊戲，但市場上網路數位下載形式已漸成主流，遊戲驛站似乎拿不出因應策略。沒錯，遊戲驛站持有資金和庫存，觸及族群獨特而忠誠，不過如果要生存就必須轉型，邁入數位世界。多數人相信，未來的遊戲主機將不再使用實體卡帶或光碟，而是可以直接連線下載軟體。這是一個凋亡的產業，而且看來已經無力回天。

被網路鄉民視為邪惡化身而備受抨擊

的確，一如普洛特金和多數華爾街公司的預測，遊戲驛站的股價從每股四十美元一路跌落到四美元，然而賣空量並沒有下降，反而持續上揚。遊戲驛站已經向大家展現，至少在市場表現方面，該公司最擅長的就是失敗，即便遊戲產業規模成長，公司獲利卻繼續下探。

接著疫情爆發，原本就已經搖搖欲墜的賣場零售店此時徹底崩盤。雖然可能有人質疑，在全球疫情肆虐的情況下，賣空一家備受愛戴的賣場連鎖店是否合乎道德？不過梅爾文資本從數學的角度解讀情勢，賣空的立論依據更加穩固。二〇二〇年是遊戲產業大發利市的一年，因為民眾被迫待在家中，電玩遊戲玩家增加，即便如此，遊戲驛站仍持續虧損：虧損金額據報為兩億一千五百三十萬美元，相當於每股虧損三．三一美元；此外，該公司在二〇一九年的虧損金額是四億七千零九十萬美元，等於每股虧損五．三八美元。

遊戲驛站重新振作的機率越來越渺茫，股價也同樣持續探底，一路跌至每股二．五七美元，然後回升到五美元左右，即便如此，空頭部位仍持續湧入。

二〇一四年賣空遊戲驛站是顯而易見的獲利機會，對梅爾文資本是稀鬆平常的交易，因此普洛特金可能認為，二〇二〇年持續提高賣權部位、拉高槓桿，打賭遊戲驛站終將倒閉，尋求更高獲利也一樣毫無爭議。雖然公司必須向證交會提交十三F持倉報告，呈報選擇權部位，代表這項資訊會公諸於世，但普洛特金不太放在心上。儘管避險基金偏好不要揭露策略，不過十三F持倉報告呈報的投資部位包含多達九十一家公司，況且這是業界的標準做法，誰想得到這份文件會掀起波瀾？

普洛特金當然沒料到，Reddit 華爾街賭場板的一群匿名使用者會突然挑出梅爾文資本，把他的公司當作賣空遊戲驛站的首腦；也沒想到自己會突然成為華爾街賭場板和 Discord（Reddit 使用者經常造訪的社群網站）鄉民評論、取笑，甚至是威脅的對象，還直接傳送訊息到他的公司。

一開始，社群媒體上關於遊戲驛站的討論大多沒有惡意，相關貼文的出現頻率不高，彼此內容也多半毫無關聯，主要是關於散戶投資人有多喜歡這支股票，投資獲利多少。不過在入冬之際，貼文的調性開始出現轉變。

這些文章越來越針對個人，比方說那支惡名昭彰的《核爆家園》改編影片就預言，普洛特金的公司將會灰飛煙滅。雖然普洛特金知道華爾街賭場板以黑色幽默和戲劇效果為樂，但看到這些關於遊戲驛站、梅爾文資本的空頭部位，甚至是他自己的玩笑，卻很難笑得出來，有些留言甚至涉及反猶太主義和仇恨言論：**顯然我們需要第二次猶太人大屠殺，猶太人不能永遠逃脫懲罰**。他本人也開始收到類似的種族歧視和貶低評論。從社群媒體的評論可以看出，之前留言者買進遊戲驛站股票，主要是因為喜歡這家公司，現在風向改變了，他們買進遊戲驛站是為了與梅爾文資本的空頭部位作對。許多貼文都有明顯的弦外之音，他們把普洛特金描繪成某種應該加以摧毀的邪惡化身。

堅持加碼賣空的專業投資人看法

普洛特金並不是玻璃心，他在華爾街占有一席之地，而這個地方向來以汙言穢語、不正經的個性、拚死的哲學聞名。雖然他處事低調，但業界許多人都耳聞他的個性討人喜歡、為人正直，同時爭強好勝、喜怒分明。普洛特金也不會形容自己處事淡然；他擁有運動員的好勝心，就像那句話說的：勝利是一種習慣。

不過，對於這些充滿仇恨的種族歧視言論，以及預言梅爾文資本倒閉的惡意爆紅影片，普洛特金難以置之不理。其實正好相反，在高壓環境中處理複雜交易是他的日常工作，而這些評論正好激發他的好勝心。

普洛特金雖然不樂見Reddit暴民發現他的空頭部位，但這不會改變事實：這是正確的操作。遊戲驛站的股價已經從維持好一段時間的五美元稍微爬升，不過公司的基本面並未改變，仍是凋零產業裡苦苦掙扎的企業。數學計算站在普洛特金這一邊，而根據過去經驗，他最信任的就是數字。

普洛特金不僅堅信賣空是正確操作，剛開始還持續加碼。二〇二〇年第四季，普洛特金透過賣權增加六十萬股的賣空部位，價值約一億三千萬美元，這還不包括他之前賣空的股數，十三F持倉報告和任何公開文件揭露的都只是冰山一角，沒有人知道普洛特金實際持有的空頭部位有多龐大，只知道他把一大部分資金重押在單一賭注上。

其他公司可能認為這樣的操作風險過高，因為賣空的虧損沒有上限。而且遊戲驛站股票的賣空量已經超高，遠遠超過梅爾文資本的賭注，據報導，將近一四〇%的流通在外股數都被賣空。居然會有這種事，被賣空的股數竟然比實際存在的股數還多出四〇%，簡直荒謬至極。不過普洛特金藉此印證自己的看法正確可靠：有這麼多華爾街專業人士認為這家公司的前景不佳，因此不斷借入股票並賣出，幾乎有半數股票被賣出不只一次。

即使 Reddit 上憤怒的貼文再多，也改變不了事實：行家的賭注都押在賣空這一邊。而且就算不是完全不可能，股價純粹因為散戶的拉抬就與基本面脫鉤的機率也極低。

華爾街賭場板的使用者並非專業人士，多數是業餘投資者、賭徒，自稱為「智障」、「大猩猩」和「低能兒」，這些詞彙讓普洛特金不太舒服，他從不使用這些貶低言語。部分使用者似乎做了嚴謹的查證，不過真的以為自己能使股票脫離公司本身，成為某種象徵標誌，例如比特幣（Bitcoin）或狗狗幣（Doge）嗎？

普洛特金內心深處也許知道，驅使他加碼賣空的也許不完全是數學計算，而是他的好勝心。他自己不會這麼講，但是業界許多人可以毫無顧忌地直言不諱：普洛特金才是贏家，而窩在沙發上，在 Reddit 板發廢文的鄉民只是魯蛇，即將學到慘痛教訓。

無論現在股價如何，未來必將下跌。遊戲驛站只是融化中的冰塊。華爾街賭場板愛怎麼發文就隨他們去吧！畢竟嗆聲也是體育運動的一部分。普洛特金知道，時間站在自己這一邊。

融化的冰塊沒有其他結局——終將化為一大灘死水。

第二部

「我們喜歡這支股票！我們喜歡這支股票！」

——財經節目主持人吉姆·克萊莫（Jim Cramer）

「遊戲驛站發大財（Gamestonk）！！」

——伊隆·馬斯克（Elon Musk）

第十二章 生活如常的帳面百萬富翁

二〇二一年一月十一日

吉爾左腳的靴子率先踩上路面的薄冰，鞋底在毫無摩擦力的路面滑了一下，整隻左腳向前滑出，呈現怪異的角度，要不是他還拉著女兒戴著手套的手，差點就要在人行道上摔跤了。女兒大笑出聲，吉爾利用女兒的重量站穩腳步，自己也笑了，不只是因為他們早晨繞行街區的散步活動上演一齣馬戲團表演，另一個原因就在另一隻手裡的手機螢幕上。雖然牽著女兒走在威頓沒有鏟雪的人行道，就和他曾參加的賽跑一樣凶險艱辛，但吉爾仍一邊查看股票新聞報導。

在新英格蘭地區特有的薄冰上保持平衡很不容易，同時要在三吋的小螢幕上閱讀財經新聞報導與相關證交會文件更是難上加難。他猜想自己應該在聖誕節返家時換新手機，但銀行帳戶有閒錢這件事，對他來說是全新的陌生體驗。他居然買得起新手機，這麼好的事讓他既興奮、又害怕。雖然吉爾確信這是深度研究與謹慎查證的美好成果，但事情的發展仍令他大感意外。

吉爾正式成為百萬富翁已經一個月了，是家族裡第一個擁有百萬財富的人，而這些錢全都來自一筆瘋狂的 YOLO 交易。他的財富大部分還只是帳面數字，但投資遊戲驛站的五萬三千美元已經成長為七位數。

吉爾穩住身子，同時以拇指滑動螢幕，繼續閱讀新聞報導，他的笑容加深了。一百萬美元是足以改變人生的財富，但吉爾的生活目前還沒有多大變化，這趟聖誕節回老家時，他才終於把近況告訴全家人，大家都很支持，雖然他們可能仍舊覺得他瘋了。吉爾的母親只問他做的事有沒有不合法的地方，吉爾耐心地解釋，靠股票賺錢（無論成功機會有多低）絕對是最合法又愛國的一件事，他在網路上喋喋不休地向所有願意傾聽的觀眾說明自己的交易策略，百分之百符合猶太教規。

的確，咆哮小貓的直播規模已經遠遠超越吉爾原先計劃的數分鐘短片，演變成持續到深夜的馬拉松式長片，最長的一場直播長達七個多小時，堅持到底、全程觀看的觀眾一定比他本人更瘋狂，而觀眾人數也有所增加，他現在是華爾街賭場板上的熱門發文者之一，只要一發布

YOLO更新，鄉民都爭相留言應和。他不僅有粉絲，還有一票追隨者，很大一部分顯然也開始買進遊戲驛站股票，但他相信（至少是這麼希望）這些人買股票時經過謹慎判斷。他曾清楚說明，並且一而再、再而三地提醒，股票市場充滿風險，而他的YOLO策略風險更高，多數專業人士仍然相信遊戲驛站是喪家之犬，龐大的賣空部位就是證據之一。

但是就吉爾看來，這隻狗的吠聲驚人。他一邊和女兒散步，一邊打開手機的新聞應用程式，就是這聲響亮的狂吠害他差點在人行道上摔倒。吉爾目前的理論很簡單：因為利空已經出盡，現在出現好消息的機率高過壞消息。由於梅爾文資本等賣空方承受龐大壓力，任何好消息都能推升股價。一四〇%股數被賣空，代表賣空者必須償還八千萬股，但市面上流通的股數只有六千萬股，一旦股價開始上揚，將會是一場廝殺。從Reddit板可以看出，似乎有為數不少的股票被吉爾這樣的「鑽石」手牢牢抱著，寧願把祖父母賣了，也不會動遊戲驛站股票。

官方利多消息，救世主降臨領導階層

吉爾的笑意加深。愛上一支股票？他根本已經和這支股票結婚、生小孩，正在規劃子孫的婚禮了。因此，手機上剛出現的這則新聞意義非同小可。

這是遊戲驛站官方發出的消息，而且已經傳遍各家財經媒體：科恩和幾位 Chewy 成員即將加入遊戲驛站董事會。科恩原本就持有一大部分股票，除了八月記錄揭露的五％流通在外股數，又在十一月加碼到一〇％，當時部位市值超過七千九百萬美元。加碼買進的同時，科恩還向公司管理階層發出一封措辭嚴厲的公開信，指出一切弊病，要求遊戲驛站往線上遊戲的方向轉型、累積線上知名度、嘗試創新策略，例如電競、直播及行動應用程式。當時，遊戲驛站似乎不太理會這位情緒激動的外人，不過今天的新聞顯示，公司經營將有一百八十度的轉變。科恩彷彿拯救公司的白衣騎士，正式加入董事會代表他很有機會能實際出手改造遊戲驛站，就像當初重整寵物食品業一樣，今晚吉爾可以在直播中大啖嫩雞柳和啤酒了。

吉爾不自覺地加快腳步，女兒必須連跑帶跳才跟得上。他從手機新聞看到，股價已逐漸接近二十美元。十二月底，股價曾在二十一美元附近徘徊，他不確定這次能否突破十二個月以來的新高，無論如何，他看好上漲潛力。

在吉爾的腦海裡，傳說中「軋空」開頭的場景已經開始上演，華爾街賭場板一直鼓譟著要創造軋空局面，但是他不想得意忘形。他把注意力轉回手機，繼續閱讀網站上火藥味較濃厚的段落，新聞試圖挑起遊戲驛站信徒與避險基金的對立，尤其把這起事件描寫成他和梅爾文資本的私人恩怨。吉爾對梅爾文資本一無所知，更不認識普洛特金，很確定兩人的往來圈毫無相同之處，如果普洛特金曾經開車經過布羅克頓，也一定會緊閉車窗，嚴鎖車門。遊戲驛站已讓吉爾成為百萬富翁，無論軋空會不會出現，他相信這家公司的榮耀時刻尚未到來。

吉爾低頭看著女兒，她還在笑爸爸幾乎摔倒的這件事。未來某天，等她年紀夠大懂事時，他會告訴她，親眼瞧見如虹氣勢時，即便是腳步最穩的跑者也可能為此神魂顛倒。

第十三章
大衛與歌利亞的戰鬥

二〇二一年一月十三日

這一針打下，我一定比妳還痛，坎貝爾心想。女性技術員的口罩下滿臉笑容，拿著針筒走向坎貝爾。坎貝爾的工作服袖子捲到肩膀上，坐在護理區後方設有簾子的小隔間中，平常他們在這裡配藥，不過今天這裡就像火車站一樣門庭若市。簾子完全拉開，所有護理師和護工都在圍觀。欽威拿出手機，兩位年輕女職員則用 iPad 拍照，之後他們會列印貼在內部布告欄上，旁邊就是幾週前助行器卡在隔板上的照片，他們為這張照片下了一個搞笑標題：「物理治療評估，通過！」

「我如果變成鱷魚，一定不會放過你們。」

針插了進去，幸好坎貝爾沒有什麼感覺，她揮揮另一隻手，迎接大家的掌聲。這一刻意外地令人激動；坎貝爾並未因為新冠肺炎感到過度恐慌，她每天都面對病毒，甚至曾在樓上的新冠肺炎病房輪班，但是這一刻的重要性不減。

大家從不懷疑坎貝爾會是第一個接種疫苗的職員，同事明明都是醫療專業人員，也親眼見過病毒造成的悲劇，卻意外對於疫苗接種感到遲疑。坎貝爾覺得有責任以身作則，只要能讓任何人更勇於接種疫苗，踏出回歸正常生活的第一步，她很樂意當醫院的白老鼠。

技術員幫坎貝爾在注射處貼上ＯＫ繃，坎貝爾向對方道謝，接著微笑起身。

坎貝爾經過欽威和卡默，走回休息室，一路上兩人還在對著她拍手。她知道自己應該留下來，觀察身體狀況十五分鐘，但是想說休息室也不遠，假如她開始長出尾巴或爪子，外面的人還能聽到尖叫聲。走回休息室的路上，坎貝爾壓抑想要擁抱欽威的衝動，現在還太早，不過如果疫苗真如他們說的那麼好，也許「社交距離」不久就能從大家的日常生活中退場，和「拉平（確診人數）曲線」、「接觸追蹤」、「群體免疫」一樣，成為記憶中的共同用語，她等不及那一天的來臨。

或許「遊戲驛站」也是，坎貝爾推開對開門時想著，同時伸手拿出工作服口袋裡的手機。等待注射的二十分鐘，已經是她這一天來沒有查看羅賓漢帳戶或華爾街賭場板最久的一段時間，在回家照顧小孩前，她還有十五分鐘的休息時間，已經準備好投入瘋狂的戰場。

回到安靜的休息室，還沒坐到門邊圓桌旁習慣的位置，坎貝爾就已經完全迷失在手機螢幕裡。有人帶著甜甜圈來慶祝疫苗接種，兩個自助餐廳塑膠托盤上，疊放著色彩繽紛的綜合甜甜圈，彷彿灑滿彩色巧克力米的大廈。但是無論甜點有多誘人，都比不上坎貝爾手機裡的內容。

坎貝爾投資遊戲驛站的報酬已在一天內翻倍，股價現在衝破每股三十一美元。她已經讀過華爾街賭場板的許多留言，甚至看了咆哮小貓最近幾場直播，知道 Chewy 成員加入遊戲驛站董事會的事，但沒想到光是領導階層變動就能對股價造成這麼大的影響。坎貝爾一生在無數老闆手下工作，無論他們自認有多聰明或多創新，從來沒有對她的例行工作產生什麼影響。

無論之前賣過多少狗食，董事會三個新成員都不太可能讓股價翻倍。不過事實就是如此，一如閃亮的數字和快速爬升的股價線圖所示。過去二十四小時，坎貝爾已經賺進超過一千六百美元。

用甜甜圈來解釋股市現況

坎貝爾關掉華爾街賭場板，再次打開帳戶視窗，感覺臉頰發熱，太過沉浸在這一刻，沒注意到欽威正越過她的肩膀，看著她的手機。

「又在橋下發現一袋選票啊？」

欽威揶揄地問道，在她旁邊的座位坐下，一手揉著肩膀上貼著ＯＫ繃的地方，一邊伸手從甜甜圈塔拿了一個甜甜圈。那是一個灑著糖粉的果醬甜甜圈，欽威優雅地咬了一小口，平常坎貝爾一定不會放過挖苦他幾句的機會，不過她現在心情太好了。

「比那個更好。」

坎貝爾把手機拿給欽威看，他瞪大眼睛說：「三十一．四〇美元？不可能。」

「我覺得要開始了。」

「梅爾文資本要核爆了。」

兩人在前幾天討論這個話題時，欽威也是一樣的表情。當時坎貝爾試圖搞懂華爾街賭場板的發文者認為即將發生什麼事，同時想辦法向欽威說明。她決定再試一次，反正時間還很多，重點是找到簡單易懂的比喻。

她想了一下，看著欽威小心翼翼地吃著甜甜圈，臉上浮現微笑。

她說：「假設這個甜甜圈是遊戲驛站的股票。」

「妳一定要拿我的甜甜圈做比喻嗎？」

「沒錯。假設這個甜甜圈目前市價五美元，而我是梅爾文資本，我覺得這個甜甜圈根本是垃圾，所以我向你借來甜甜圈。」

坎貝爾從欽威的手中搶過甜甜圈，欽威看著她，但她只是微笑道：「我們協議過幾天後，我再把甜甜圈還你……」

「坎貝爾！」

「然後我就以五美元賣掉甜甜圈，也就是目前的價格。」

她把甜甜圈放回托盤上。

欽威說：「我已經咬一口了。」

坎貝爾不理他，繼續說：「然後我等著，打算等價格下跌時買回來還你，賺取價差。但是因為其他人很喜歡這些甜甜圈，開始發瘋似地搶購，所以價格沒有下跌。」

坎貝爾把托盤上的甜甜圈拿走，放到旁邊。

「一直買，一直買，然後突然有新聞說甜甜圈可以治療新冠肺炎，價格漲得更高，大家還是一直買。」

現在托盤已經半空了，甜甜圈堆在兩邊。

「然後這些買家可能不只是一般的甜甜圈愛好者，也許他們會聚集在某個瘋狂的 Reddit 板，談論那些很早就進入甜甜圈店的有錢人想要怎麼搞垮甜甜圈店，讓這些好滋味永遠消失。但是這一次，他們不會任由那些有錢人擺布。」

坎貝爾從托盤裡拿走更多甜甜圈。

「之前和你借的那個甜甜圈，我現在還沒還，而且不只是我，我所有在華爾街的朋友都一樣，他們之前都借了甜甜圈。有些人察覺情況不妙，已經開始把甜甜圈買回來還債。」

坎貝爾又拿了幾個甜甜圈放到旁邊。

「這樣又推升價格，但是我的朋友別無選擇，他們和我一樣必須歸還那些甜甜圈。」

坎貝爾繼續移走甜甜圈，直到剩下最後一個，就是她一開始和欽威借的那個果醬甜甜圈。

「甜甜圈的價格已經衝破天際，不過我們很多人還沒有回補，同時搶買最後一個甜甜圈，你覺得會發生什麼事？」

欽威說：「別這樣。」

「你知道我忍不住。」

坎貝爾用力捏爆甜甜圈，果醬全都擠了出來。欽威嘆口氣。

坎貝爾說：「還不只這樣，因為我和朋友不只借走托盤上的甜甜圈，還借走根本不存在的甜甜圈。如果情況持續下去，這些賣空者很快就會搶著要買回那些根本不存在的甜甜圈。」

欽威伸手拿了一個沒被捏爛的新甜甜圈，離坎貝爾遠遠的，問道：「現在怎麼辦？價格會永無止境地上漲嗎？」
坎貝爾聳聳肩。
欽威搖頭說：「妳已經賺了一倍，這樣很好了，妳應該賣掉，落袋為安。」
「你剛剛沒在聽嗎？這些甜甜圈……」
「但是股票和甜甜圈不一樣。」

散戶揭竿起義，群起對抗華爾街

兩人共事的這幾年，曾多次討論各自的財務狀況，聊過工作有多辛苦，要用護理師的薪水規劃未來有多難。坎貝爾知道表面上欽威說的沒錯：她已經賺了一千六百美元，雖然不夠支付布萊恩做牙套的錢，卻已經可以付清很多帳單。

不過看著股價持續上漲，看著華爾街賭場板上的一則則留言，種種跡象都顯示，軋空不是已經開始，就是即將發生，只要這些鑽石手能抱得夠緊……

欽威彷彿讀出她的想法，說道：「你們是贏不過這些人的，如果股市是賭場，他們就是莊家，他們總能找到贏錢的辦法，沒有例外。」

平常欽威都會告訴她要有信心。

坎貝爾沉默良久後，回應道：「大衛也能打倒巨人歌利亞。」

「但大衛要對付的不只是歌利亞，還有歌利亞的堂表兄弟姊妹、歌利亞的好友。」

坎貝爾搖搖頭。

「我們也不是勢單力薄。」

欽威再次嘆口氣，繼續吃著甜甜圈。坎貝爾看著他又咬了一小口，知道欽威出於好意，但是欽威不懂，華爾街賭場板和避險基金雙方已經拉出戰線。

很多人以為華爾街賭場板是蠢蛋和賭徒組成的烏合之眾，因為他們刻意表現出這種形象。但欽威不懂的是，蠢蛋和賭徒也能為了共同的目標凝聚在一起，而他們的團結具有強大力量。憤怒是威力驚人的驅動力，遠比貪婪更強大，二〇一六年總統大選結果就展現出憤怒的力量，欽威的盲目讓他輸了一百美元。梅爾文資本和它的華爾街同黨就像欽威一樣盲目，嚴重低估所要對付的敵手。

坎貝爾不打算賣，真要說的話，她還考慮加碼。

坎貝爾看著欽威吃著甜甜圈，說道：「歌利亞巨人以為自己是故事裡的英雄，直到石頭砸在他的臉上。」

第十四章 逆勢上漲的股價

二〇二一年一月十九日

從前有一支股票揚帆出海，
那支股票叫做GME，
股價揚升，賣空慘賠，
抱緊啊！水手們，抱緊。

嫩雞柳大人即將到來，

讓火箭直奔太陽，
待交易結束之日來臨，
我們就要獲利了結離場……

波閉著眼睛，光腳輕踏書桌下的地毯，腦海中浮現黑色背景裡一艘三桅帆船的景象，隨著水手歌謠的旋律起伏擺盪。這是帳號 quigonshin 的使用者發布在華爾街賭場板的改編歌謠，雖然他在今天早上才看到這則貼文，但現在已經把詞曲熟記於心。〈嫩雞柳大人〉（*The Tendieman*）這首歌已在 Reddit 大軍之間迅速竄紅，雖然波已經聽了無數次，但現在仍壓抑著點開連結、再聽一次的衝動，要不是他現在正在約會，早就屈服於聽歌的欲望了。

老實說，要把波最近一次與異性的互動說成「約會」，絕對是誇大其辭。因為兩人是透過 Zoom 交談，對方的無線網路斷斷續續，而波顯然分心於筆記型電腦上的其他視窗（華爾街賭場板和交易帳戶），不過就算沒有這些問題，過程還是不算順利。

在實體世界裡，波可說是約會好手，尤其擅長察覺約會進展不順利的跡象，彷彿破解達文西密碼一樣解讀這些線索。其實都是一些小地方，像是約會對象的手機突然出現在桌上，放在餐點旁，方便對方閱讀朋友傳來的簡訊；或是甜點一上桌，對方的目光就開始掃視餐廳，急於呼喚服務生送來帳單。有時波能施展魅力，成功約到第二次約會，不過有時候他會在結帳後，對方搭上 Uber 回家前聽到這一番說詞：能認識你這樣可以暢談的對象真的很棒，我知道你一定會是很好的朋友……

不過在 Zoom 全面占領的這一年，你很難了解其他人真正的想法，這讓人相當感到挫折。早在波開始於腦海裡哼唱遊戲驛站水手歌謠前，就已經出現十幾次尷尬的沉默，不過在虛擬聊天室中，其實沉默相當常見，你很難分辨對方是真的感到不自在，還是只是無線網路小中斷，或不小心按到靜音。直到波開始注意到約會對象的目光時常移到電腦上的其他地方，才真的確定對方也心不在焉。兩人最大的共同之處就是，都無意繼續目前的對話，但是雙方都太有禮貌，而不願胡謅一個好理由脫身。

共同迎戰華爾街的革命情感

波認為自己要負最大的責任，他在大一尾聲認識同學泰瑞莎（Teresa），就是這位占據螢幕一小角的漂亮女孩，他把視窗移到螢幕左下角，盡量靠近鍵盤的 Esc 鍵。當時泰瑞莎和波統計課的一個同學交往，後來那個同學轉學到東北部另一所大學。泰瑞莎的男友轉學後，她和波的交情逐漸加深，兩人曾有幾次在附近的餐館聊到深夜，話題不外乎有趣刺激的機率偏誤、分析方法、平均數復歸，不是什麼《北非諜影》（*Casablanca*）般的浪漫情節。後來大一升大二的暑假，兩人失去聯繫，波回想起泰瑞莎時，總想知道自己是否錯失什麼火花。

現在波知道答案了。泰瑞莎在一週前主動聯繫，邀波喝酒敘舊，雖然波很感興趣，卻對面對面接觸感到遲疑，因此提議改為Zoom視訊通話。從一開始，這次視訊就像是一場災難。因為除了大一統計學，兩人根本沒有共通話題，對波來說，時機也非常不湊巧，他分心於遊戲驛站和交易帳戶的動向。這樣的描述還只是輕描淡寫，事實上，他前一晚睡不好，一直睡睡醒醒，清晨五點醒來後就一直盯著筆記型電腦螢幕，而且下定決心守在筆記型電腦前，除非餓到受不了，或是有其他重要生理需求，而不得不離開座位。

她離岸還不到兩週，
科恩就加入董事會，
船長在甲板召集全體船員，
誓言抱緊股票。

嫩雞柳大人即將到來，
讓火箭直奔太陽，
待交易結束之日來臨，
我們就要獲利了結離場……

波很喜歡這首歌，認為歌詞傳達出 Reddit 板上瀰漫的希望之情。現在他已經加入散戶大軍，把手上餘錢全部投入遊戲驛站，感覺自己彷彿身在前線，在一場剛剛開打的戰事中，與板上的其他低能兒並肩作戰。

那天和父親打完高爾夫球之後不久，波第一次買入遊戲驛站股票，以均價十五・四四美元買進兩百股，共三千零八十八美元，當然，不用額外支付佣金；一月四日，他又以十九・二〇美元的價格加碼一百五十股，共兩千八百八十美元，總投資金額近六千美元。從他在華爾街賭場板讀到的內容看來，他的購入價格大概位於中段，當然比不上 DFV 等傳奇人物，但也算是很早加入戰場的忠誠戰士。

波正是以聖戰的眼光看待自己的交易：這不只是一筆投資，也不完全是他向父親說的以小搏大 YOLO 策略。他實際縱身投入戰場，買進股票後，在情感上就與華爾街賭場板社群並肩為伍，共同迎戰華爾街。

雙方爭執越演越烈，衝突浮上檯面

波睜開眼睛，盡力專注於 Zoom 聊天室，如今 Zoom 視窗已在保持尊重的情況下盡量縮到最小。波不知道如果和泰瑞莎談起華爾街賭場板的事，告知已經響應 YouTube 上一位綁著頭巾男子的號召，為一家電玩遊戲店而戰，對方聽到這些事會有什麼反應。也許泰瑞莎聽過遊戲驛站，商業新聞已經開始出現相關報導，而且遲早會登上更主流的新聞平台。雖然軋空是否已經實際展開仍有爭議，但股價動向著實令人瞠目結舌，幾個小時前，波親眼見證股價來到四十三美元，這代表他的持股市值已經超過一萬五千美元，賺了兩倍有餘。

波的遊戲驛站投資收益相當出色，父親的報酬更是亮眼。在高爾夫球場的談話後，父親決定跟隨兒子投資，以十七美元左右的均價買入一千股。比起波投入的金額，一萬七千美元是一筆大數目，而這筆投資的市值現在來到四萬三千美元。波知道自己必須花費好一番功夫，才能說服父親抱緊這些股票，每當他提起所謂的「鑽石手」時，父親只是微笑，顯然並未以同樣的狂熱看待這支股票，不過父親主張這才是正確的投資心態。

波承認他必須當心，以免得意忘形。他現在很難專心於課業上，過去幾天已經錯過兩次和「社交泡泡」共組的讀書會；他的習題寫寫停停好幾次，線性代數的吸引力完全比不上他們和華爾街的大戰。

也許和波用 Zoom 視訊的女生也稍微耳聞這場戰事，如果她曾轉到 CNBC 頻道，或看到當天早上推特上任何商業討論串，就會接收到另一方鋪天蓋地放送的觀點。雖然價格仍在相對平穩的四十三美元，但是這些穿西裝、打領帶的人已經開始反擊。也許目前保守派抨擊 Reddit 群眾炮火最猛烈者，要屬股票評論網站香櫞研究（Citron Research）總編安德魯・萊夫特（Andrew Left），他是賣空操作的愛好者暨倡議人士。當天早上開盤後，遊戲驛站股價開始上漲，萊夫特的機構就發出一則推文，宣傳明天的直播活動：現在入場的遊戲驛站 GME 買家都是撲克遊戲中的傻瓜，我們將說明五大原因。股價很快就會回到二十美元。關於賣空，我們比你們更懂，明日分曉。

一如預期，這則推文彷彿拋向華爾街賭場板的一枚炸藥。社群立刻集結，以他們獨到的方式攻擊香櫞研究和萊夫特：惡毒的哏圖、人身攻擊、取笑奚落，創意百出，毫無下限。某些使用者認為香櫞研究等同於梅爾文資本，一樣都是該被殲滅的敵人，波不贊同部分過於暗黑的攻擊，但是顯然香櫞研究對華爾街賭場板上的散戶嗤之以鼻。波認為萊夫特也只是在發表個人意見，對方的言論不比DFV更站得住腳，只不過CNBC頻道給了萊夫特一個擴音器，激怒另一方的效果相當驚人。到了那天晚上，網路上群情激憤，香櫞研究不得不取消直播，稍後還宣稱公司的推特帳戶遭到駭客入侵。

波並不贊同對萊夫特發出惡毒的人身攻擊，卻能理解華爾街賭場板群眾被稱為傻瓜的自然反應，尤其現在股價已經飆破新高。與DFV相比，一般民眾為什麼更信任萊夫特？因為他就讀較好的大學？因為他在曼哈頓辦公大樓裡上班，而不是窩在麻薩諸塞州某處的地下室嗎？

不過即使泰瑞莎有關注遊戲驛站的消息，波也沒機會向她炫耀自己的交易帳戶，因為她已經想出一個藉口，表示筆記型電腦的電量太低……波不確定是誰搶先按下「離開會議」的按鈕，不過從螢幕上對方的靜止影像可以看出，結束視訊後，兩人都鬆了一口氣。

股價連番上漲，獲利了結的賣壓來襲

在市場接到新聞之前，

華爾街賭場板就挺身而出，買進股票，

鑽石手眾志成城，獲利可期，

只要大家能抱緊股票。
嫩雞柳大人即將到來，
讓火箭直奔太陽，
待交易結束之日來臨，
我們就要獲利了結離場……

波正要關掉Zoom視窗，打開應用程式檔案夾，這時候鈴聲響起，顯然他還不能回到華爾街賭場板，水手歌謠和反香櫞研究的怒罵還要再等等。波快速瞄了手機一眼，是弟弟要求FaceTime通話，弟弟最會在這麼「恰巧」的時機來電。嘉士柏早就猜到約會會提早結束，失敗收場，畢竟在成長的關鍵期，兩人共同在一艘四十四英尺長的雙體船上度過，非常了解彼此。

波不情願地接起電話，頂著一頭紅金色頭髮的嘉士柏揚起大大的笑容，說：「你又搞砸了，對吧？」

「閉嘴啦！呆子。」

「就是這種態度把女生都嚇跑了，你不能友善一點嗎？」

波伸手想要結束通話，嘉士柏連忙在鏡頭前揮手。

「等一下，開玩笑的，我打電話來，不是要笑你不擅長和女生互動，爸爸傳簡訊跟我說遊戲驛站的事。」

波的心裡一沉。

「他該不會賣了吧？」

嘉士柏故作懸疑地沉默一會兒。

「沒有，但是我告訴他應該賣掉，你也一樣，現在一股四十三美元耶！你要發大財了！」

波吐出一口氣。

「你還搞不清楚狀況，這才剛要開始而已。」

聖誕假期結束後返校的長途車程中，波已經和嘉士柏討論許多遍，嘉士柏覺得波瘋了，也不太高興波說服父親再投入資金。

「你現在是專家了？」

波回答道：「不是，我只是一隻大猩猩，群猩之王。」

弟弟不以為然。

「你真的以為這些賣空GME的華爾街大公司搞不清楚狀況嗎？」

波曾仔細思考這個問題，但覺得弟弟並不是真的想聽他解釋，他不太清楚梅爾文資本的狀況，只知道這是華爾街一家備受尊崇的公司，而普洛特金據說是一位明星交易員，由財經界人人敬畏三分的柯恩親手栽培。普洛特金很聰明，或許比華爾街賭場板的所有人都還要聰明，不過他認為普洛特金並不了解所要對付的敵手。

對立兩方的矛盾與衝突

波決定用弟弟可以理解的說法來解釋，弟弟並沒有投資股票，但是很愛玩撲克牌，有時和學校的朋友玩，有時則是線上對戰，知道何時可以賭一把，也知道太過自信的下場。

「梅爾文資本握有一對A，公共牌翻出兩張六和一張A。梅爾文資以為自己能以A葫蘆壓過六，卻不知道我們手上的牌。我們有一對六，可以湊成四條。梅爾文資本和其他華爾街公司的做法沒有錯，賣空不看好的公司，但是它們一樣會輸，因為太過自大，自以為能百戰百勝，不肯放過這家公司。」

弟弟沉默片刻，正在消化這些資訊，然後又看向鏡頭。

「我猜你不打算賣。」

「我也許永遠不會賣。」

「這太愚蠢了，這是遊戲驛站，它的市值已經……」

「這就是你和華爾街沒有搞懂的地方，你們以為我們在乎市值，你的論調就和香櫞研究一樣，上CNBC節目說我們是牌桌上的傻瓜，搞不清楚真正的狀況。」

「波。」

波不打算停下來，他感覺臉上發熱，情緒激動，「全世界都亂成一團，我們都被困在家裡，只能窩在沙發或床上，而香櫞研究與梅爾文資本這些華爾街大老闆，則舒適地待在海濱別墅和豪華頂樓公寓鄙視我們，他們有成群分析師、複雜的數學演算法和龐大資金，我們又有什麼？」

嘉士柏再次沉默，然後開口說道：「你的約會一定很不順利……」

「我們有GME。」

波說完就伸手點向螢幕，結束通話。

GME。不是遊戲驛站，是GME。

一生一次的以小搏大機會。

第十五章

前所未見的交易量與股價波動

二〇二一年一月二十二日

佛羅里達州奧蘭多（Orlando）。

陽光明媚，微風徐徐的美好週五午後。

距離收盤還有十分鐘。

這是吉姆・史瓦特沃特（Jim Swartwout）在早餐後第一次有時間喘口氣，他從羅賓漢位於奧蘭多瑪麗湖（Lake Mary）分部的邊間辦公室，望向窗外遠方一棵棕櫚樹擺盪的葉子，聽著收盤的最後幾聲鐘響慢慢趨於寂靜，隨著鐮刀形葉片的擺動頻率，深深吸氣、吐氣。他在這家矽谷新興證券商任職約一年半，這是他上任以來最不尋常的一週，心裡默默希望這反常的一天能趕快結束。

老實說，陽光明媚，微風徐徐的瑪麗湖辦公分部幾乎不曾發生不尋常的事。沿著四號州際公路，瑪麗湖距離奧蘭多市區的車程有二十英里。之所以選在這個豔陽高照的地方設立辦公分部，就是為了避免騷動，瑪麗湖靜謐得令人昏昏欲睡，甚至是安詳地陷入昏迷，富裕而美觀的住家整齊地排列在自然保護區周邊，湖泊點綴其間，自行車道縱橫交錯，露天餐廳與精品店林立，還有良好學區。這裡最大的賣點就是鄰近機場，距離地表最大的旅遊景點也不算太遠（這個景點有米老鼠形狀的影子）。瑪麗湖是安穩成家立業的首選地區，不過對金融科技業火熱新創公司的辦公分部來說，卻是奇怪的選址。

當然，選在佛羅里達州北部棕櫚樹及短吻鱷遍布的水道間開設辦公分部，一定和高速擴張所需的成本效益繁複計算脫離不了關係。羅賓漢正經歷快速成長，僱用大量員工，因此擴張到門洛帕克以外的地區合情合理。該公司即將宣布在紐約和西雅圖開設辦公室的計畫，不過瑪麗湖是第一個據點。公司於二〇一七年宣布這項決定，同時訂定僱用兩百位員工的宏大目標。曼哈頓下城摩天大樓林立，那裡的投資銀行僱用上千位員工，史瓦特沃特先前就任職於這類機構；此外，沿著公路南下到奧蘭多市區，有大約七萬七千名員工在迪士尼神奇王國（Magic

Kingdom）灰姑娘城堡（Cinderella’s Castle）的光輝下賣力工作，和這些地方相比，羅賓漢根本是小巫見大巫。不過這家矽谷新創公司的主要客群是千禧世代，他們的可支配所得只有數千美元，只會偶爾在某個週五下午玩玩股票，有這樣的成績已經相當可觀。

羅賓漢位於瑪麗湖的辦公分部一點也不遜色，雖然可能不像門洛帕克寬闊的海灘風總部那麼上相，沒有雜誌前來採訪，不過清新與現代感不減，會議室和辦公室配備先進科技，當然也有大片窗戶。這裡也有類似門洛帕克總部的壁畫，同樣有貓咪與雪伍德森林的元素，但是這裡把森林換成碼頭林立的海灣，水上摩托車、躺椅、貓咪海盜及戴著墨鏡的短吻鱷點綴其間。泰內夫和巴特前來時，這面牆會是非常上相的背景，不過這兩隻獨角獸鮮少拜訪瑪麗湖。

結合雲端科技與金融技術的結算平台

史瓦特沃特沒有抱怨的意思，畢竟這裡離太空山遊樂園（Space Mountain）那麼近，不過就和大部分以矽谷為基地的科技公司一樣，延伸到加州州界以外的觸角通常不會獲得太多版面。外人很容易把瑪麗湖分部當作隱身在帷幕後的部門，史瓦特沃特通常只是電話另一頭的聲音（最近是Zoom視窗中的一張臉），只有在事情出錯時，你才會找他。不過史瓦特沃特很清楚，羅賓漢和其他矽谷科技公司不一樣，因為它不只是一家科技公司。史瓦特沃特在二〇一九年加入羅賓漢，他在瑪麗湖的團隊日漸壯大，目前成員已有七十人之多，這些人其實是羅賓漢業務的核心；最近多份財經報紙估算羅賓漢價值四十億美元並大肆報導，而公司市值將於不久後翻漲數倍，史瓦特沃特的團隊絕對是幕後功臣之一。

雖然史瓦特沃特負責一家金融科技公司的核心「金融」業務，但是他的職位一點都不高調，本人也不像泰內夫和巴特那麼光鮮亮麗，那兩人彷彿生來就是《富比士》（*Forbes*）的封面人物。史瓦特沃特剛進入羅賓漢時，擔任公司結算部門主管，他的職務無法在晚宴上用三言兩語說清楚。話說回來，瑪麗湖也很少舉辦晚宴，但是如果史瓦特沃特戴著米老鼠耳朵，或以高飛狗的打扮出現在派對上，至少賓客能大概知道他的工作內容。現在他已經當上公司總裁，又擔任營運長，要在雞尾酒派對上說明自己的職位變得容易一些，不過談到實際細節時，他往往彷彿自願加入某種金融證人保護計畫。

史瓦特沃特不是一開始就從事結算業務，之前也在華爾街擔任交易員，後來才轉到偏向行政、技術層面的業務。一九九九年，史瓦特沃特曾在線上證券商先驅億創從事交易員，後來擔任營運長，之後又跳槽到史考特證券（Scottrade）執掌類似職位，接著成為交易怪獸（tradeMONSTER）總裁。此外，這些年來，他也曾任職於眾多金融機構，來去多家新創公司。

不過加入羅賓漢可說是夢幻情境，原因有二。

羅賓漢有別於其他類似機構，因為運用以雲端為基礎的全新技術，自行建立內部結算平台，完美結合科技與金融技術。此外，羅賓漢的使命獨一無二、鼓舞人心，並不是一心逐利的公司，史瓦特沃特認為它是道德良善的企業。羅賓漢想打造更公平的競爭環境，讓一般人也能參與股票交易，這些人之前可能從來沒有投資股票的機會。羅賓漢成立之初，當時五〇%的股票集中在一%的人手上，假如簡化交易平台能讓市場更平等，將會帶來龐大的社會效益。

儘管平台時髦而亮麗，但史瓦特沃特知道真正的奧妙是光亮表面下維持羅賓漢運作的管線，而這些管線正是他的專業。羅賓漢為千禧世代提供全新的股市平台，但這些年輕人最沒興趣的就是底下維持一切正常運作的管線。有時外人可能會以為門洛帕克總部也抱持類似的態度，畢竟矽谷如果要和你「保持距離」，沒有比奧蘭多更合適的地方，再遠就是海邊了。他們會有這樣的心態也沒什麼不對，水電工修理你家流理台時，你可以和他閒話家常，卻不太會邀請他留下來吃晚餐。

一連串的風波下，券商力求管理風險

然而過去一週，尤其是這個瘋狂的週五下午，是水電工少數會逗留稍久的意外狀況，至少會留到主餐上桌。過去幾個小時，史瓦特沃特已經和門洛帕克通過好幾次電話。市場和羅賓漢碰到的情況並不算是緊急狀況，但卻相當離奇，足以引發憂慮。因為不像其他牽涉結算與資金的偶發市場問題，這個情況並非源自羅賓漢顧客買賣的一萬三千檔股票出現不尋常的交易狀況，主要與單一個股有關。

史瓦特沃特身為結算部門主管，如今身兼營運長的角色，碰過不少關於顧客和交易的棘手狀況。公司經營並非一直一帆風順，有些是在史瓦特沃特加入公司之前發生的事，比方說二〇一八年，羅賓漢原本預計開設存款帳戶，但是疑似未能釐清相關銀行監管法規，因此後來不了了之；更近期的事件包括因為未善盡通知義務，沒有清楚向顧客說明訂單流付款的做法，遭到證交會開出六千五百萬美元的罰單。不過最令人難過的要屬七個月前發生的事件，一位名叫亞歷山大・凱恩斯（Alexander Kearns）的二十歲大學生，看到自己的羅賓漢帳戶出現七十三萬美元的暫時負餘額，誤以為積欠鉅款而自殺身亡。但其實凱恩斯沒有負債累累，帳面負餘額是複雜的賣權操作導致的暫時結果，之後將會抵銷，但是他不知道這一點，當下的不知所措成為這個男孩不能承受之重。凱恩斯死後，《富比士》報導指出，他的遺書上寫道：「一個沒有收入的二十歲年輕人怎麼能開出將近一百萬美元的槓桿？」

對羅賓漢的所有成員來說，這是一起沉重無比的悲劇事件，受到新聞媒體大肆報導，經社群網路轉傳，引起更廣大的迴響。事後羅賓漢盡力確保這類誤解不再出現，公司改善網站上關於選擇權交易的說明、更改介面、增加教育內容，特別是選擇權和融資交易的相關資訊。這種悲劇本來就不應該發生，往後史瓦特沃特與公司全體領導階層願意盡全力保障顧客安全。

不過史瓦特沃特知道，選擇權讓使用者有能力開槓桿，這類強大的交易工具永遠帶有一定程度的風險；融資則讓通過核准的顧客借錢買股票，因此投資人手裡不必握有現金就可以進行交易。當日沖銷並不是電玩遊戲，雖然表面上看起來有幾分相像，但這是貨真價實的金錢交易，可能影響現實生活。

身為結算主管，史瓦特沃特的職責就是管理這些風險，不僅為了顧客，同時也是在保護公司整體。此外，還必須遵守政府與銀行業制定的法規，部分規則的制定可以追溯到久遠的年代，當時「應用程式」、「雲端」或「線上」等詞彙和金融扯不上任何關係。

假如史瓦特沃特在晚宴上試圖向其他賓客說明自己的工作內容，他會盡量簡化：結算就是某人展開交易（如買賣股票），到交易成立（股票在法律上正式換手）之間的程序。

多數線上券商的使用者以為交易是瞬間完成：你想要買入十股GME，於是按下按鈕，買進十股，接著帳戶中馬上就會出現十股GME。但是實際流程並非如此，使用者按下「買進」按鈕後，羅賓漢可能馬上找到股票，並放入你的帳戶，不過實際的交易要等兩天後才會完成，因此金融術語稱為「T＋二日結算」。

操作選擇權大開槓桿，帶來極大風險

聽到這裡，史瓦特沃特預期賓客的眼神開始飄忽渙散，但是其實他才剛開始。交易展開後（也就是使用者按下手機上的「買進」按鈕後），史瓦特沃特就要接手處理股票順利完成交割前的所有程序。首先，他要先找到交易的賣方，羅賓漢會彙整交易資料，並「販售」給Citadel等造市商，訂單流付款就是在這個環節出現，接著結算機構要負責確保交易安全無虞。在實際操作方面，羅賓漢必須在每個開市日上午十點前繳交保證金，也就是向聯邦管轄的結算所——美國集中保管結算公司（Depository Trust & Clearing Corporation, DTCC）存入現金。存入金額大小視證券交易量、種類、風險特性及價值而定。證券風險越高，也就是買賣程序之間出差錯的機率越高，存入金額就會越大。

當然，在二〇二一年的今天，這些程序絕大部分都是透過電腦進行，在羅賓漢這樣的公司更是如此，擁有幾乎全自動化系統，當顧客買賣股票時，史瓦特沃特的電腦會根據證交會與銀行主管機關制定的規定，顯示預估所需的保證金金額，一切簡潔明瞭，一鍵搞定。

講到這裡，如果還有任何晚宴賓客仍然保持清醒，就會了解史瓦特沃特剛經歷的一週有多麼瘋狂，或許他們甚至會打起精神，因為所有事件都圍繞在已登上主流新聞媒體的那檔股票。

要說遊戲驛站的狀況前所未見，都還只是輕描淡寫。過去一週，遊戲驛站股價再次翻了一倍之多，當天下午稍早達到七十六．七六美元的當日最高價，剛剛收在六十五．〇一美元。價格漲幅本身並非前所未聞，不過GME的每日交易量與股價波動幅度令人難以置信，光是今天的交易量就超過一億九千四百萬股，是這支股票過去平均交易量的八倍。而這檔股票在選擇權方面的價格波動更是驚人：到下午收盤時，買權交易量達九十一萬三千口。履約價為六十美元，而且在今日到期的契約是整個股市交易最活絡的選擇權契約，價格上漲近三十倍。

GME整體的波動幅度令人瞠目結舌，這檔股票已暫停交易至少四次[7]，而且上週股價就已經翻漲一倍。遊戲驛站這家公司的全盛時期少說已過十年，現在卻成為全球股票交易最活絡的

7 譯注：當指數或個股價格波動超過一定程度時就會啟動暫停交易的機制，讓投資人有時間冷靜思考。

一家公司。

史瓦特沃特收看CNBC頻道，也讀過《華爾街日報》（沒錯，奧蘭多也販售這份報紙），因此很清楚集結在華爾街賭場板的散戶與持有龐大空頭部位的華爾街公司之間一觸即發的大戰。當然他也有追蹤推特上的好戲，之前香櫞研究推文指稱Reddit上的投資人是「傻瓜」。

三天前發出嘲諷推文的萊夫特和香櫞研究表示，事態急轉直下，顯露出某些醜惡面。當週週五，萊夫特在推特發表公開信宣布，將不再公開評論遊戲驛站，因為「持有這檔股票的憤怒暴民」不斷騷擾他和家人，這些人在「過去四十八小時犯下無數罪行」。

過去四十八小時以來，香櫞研究的遭遇反映目前投資社群中可恥、令人灰心的一面……我們這些投資人把安全和家人置於第一優先，當我們認為兩者受到波及時，有義務避開某一檔股票。

萊夫特進一步在YouTube發布影片，補充說道：「他從未看過有人對交易的另一方感到如此憤怒。」

前所未見的反常狀況，迫使採取適當管制

顯然遊戲驛站股票的狀況相當反常，在華爾街打滾的數十年裡，史瓦特沃特從未見過這種事。整起事件的情緒成分加重結算的混亂局面：龐大交易量和巨大波動，都是反常的交易模式，由反常的交易動機所引發。市場應該是理性的，不過有一群人熱愛這支股票到了騷擾交易對手家人的地步，其中毫無理性的成分。

不過儘管市場及股票出現奇異的混亂現象，至少在結算層面，史瓦特沃特有把握一切都在掌控之中。自動化系統照常發揮作用，這幾週以來，系統漸進提高遊戲驛站股票交易的融資要求，以便排除部分風險。雖然事態發展相當瘋狂，但使用者目前還是可以透過羅賓漢融資購買遊戲驛站股票，不過要自備五〇％款項。之後隨著風險升高，自備成數會提高到一〇〇％，代表無法再融資購買遊戲驛站股票。這種管制可能會引發部分顧客不滿，不過風險越高，羅賓漢需要存入的保證金就越高，這項做法不僅是為了確保公司能符合保證金的要求，也能保護顧客本身。

史瓦特沃特相信看顧這些顧客——羅賓漢的使用者，是他的職責。免佣金交易和不設帳戶餘額門檻只是一部分。此外，訂單流付款的做法不僅對羅賓漢有利，也能替顧客省錢，因為經手交易的造市商會持續尋找最具競爭力、最有效率的成交價。Citadel是一家大型金融公司，總部

位於芝加哥，由肯．葛里芬（Ken Griffin）創立，經手約四〇％的散戶交易，羅賓漢大多數的交易也都流向Citadel，因為對方是業界的個中好手。羅賓漢的訂單流付款策略在過去一年為顧客省下十億美元，因為Citadel能找到最有利的出價和賣價，以最有效率的方式完成交易。

當然，訂單流付款的詳細運作方式就和結算的具體細節一樣複雜。重點是，史瓦特沃特和羅賓漢誓言讓顧客滿意、保障顧客安全，這代表有時候他們必須對某一方施加較嚴格的限制。假如遊戲驛站股票的波動幅度持續擴大，他們勢必得採取措施，限制融資交易。雖然部分使用者會覺得這些規定綁手綁腳，不過有時候適當的管制是為了大家好。

幾分鐘後，終於到了今天的收市時間，史瓦特沃特把注意力轉回桌上的電腦。遊戲驛站的股價線圖幾乎占滿螢幕，價格走勢的確相當驚人。六十五．〇一美元的收盤價無疑為很多羅賓漢顧客賺進大把鈔票，有些甚至上看數百萬美元。不過這週結束了，週末即將到來，他確信冷靜、理性的人終究還是多數，一直都是如此。

市場本質具有理性的概念可以追溯到很久以前，一路上溯到十八世紀。雖然這些年來，諸多事件曾經違背這個原則：一個接著一個的經濟泡沫、偶發的市場小亂象、二〇〇八年金融危機，不過到頭來，人們還是會以對自己最有利的方式從事交易，看到價值時買進，察覺情勢即將反轉就會賣出。

關於軋空的討論，很可能終究只是紙上談兵，每當基本面不佳的股票上漲，業餘交易者總愛高喊軋空，不過這種事幾乎從來沒有發生。過去十年，「狼來了」喊了十五次，真正的軋空只出現一次。

史瓦特沃特會持續做好份內工作，一如往常，隨時注意結算保證金，確保一切運作順暢，卻不會過度擔心。儘管發生「黑天鵝」事件的後果不堪設想，但沒有人會花費太多時間擔心這種機率極低的事，因為這種事一輩子頂多出現一次。

而在奧蘭多北邊二十英里，平淡恬靜的瑪麗湖，這種事更是少之又少。

第十六章
陷入瘋狂的投資者

二〇二一年一月二十五日

GME不到一千美元，我不賣，你他媽的繫好安全帶了……

「妳才該被約束起來，我看你們都是瘋子。」

這個孩子微長的金色瀏海蓋住額頭，垂在狹長的臉頰兩旁，他盯著坎貝爾的手機螢幕笑著說道。坎貝爾對他回以一笑，一面拉緊套在他瘦弱手臂上的血壓計壓脈帶，黏上魔鬼氈。這個男孩名叫傑克（Jake），今年二十歲，是大三學生，其實不算是孩子了，年紀輕輕就經歷一大堆狗屁倒灶的事，綠色眼眸下有一條條細紋，就算沒笑，嘴角也經常帶著嘲諷意味微微揚起。

坎貝爾剛剛把手機放在傑克的座位旁，沒發現畫面還停留在華爾街賭場板，她本來打算關掉螢幕，把手機收回工作服口袋，不過後來覺得就這樣放著也無妨。而且傑克穿著復古T恤，上面印有雅達利（Atari）遊戲搖桿，腳上穿的是Converse布鞋，坎貝爾心想，傑克應該和其他人沒兩樣，也對遊戲驛站興趣濃厚。坎貝爾的大兒子課後有時會在滑板公園和一群玩伴玩耍，傑克讓她想起其中一個男孩。大兒子和他們玩在一起，坎貝爾總覺得有些不放心，不過布萊恩告訴她，他們不是壞孩子，只是和其他人不一樣，而她本來就樂於接受不一樣。

坎貝爾一邊拉緊血壓計壓脈帶，一邊說：「傑克，今天沒有人會被約束，而且你知道的，我們這裡不說『瘋子』這個字。」

傑克翻翻白眼，坎貝爾開始將空氣打入壓脈帶中。由於傑克是眾多進進出出的患者之一，過去一年來，坎貝爾和他變得熟絡。疫情對這個年紀的孩子來說很難熬，尤其是原本就因為各種原因身處邊緣的人，疫情讓他們更孤立，破壞平常的作息，被迫與父母關在家裡，而且這些家長不太了解化學不平衡、心理創傷等，種種讓孩子與眾不同的原因。

「只有妳不用，我整天都在說，而且如果這不叫瘋子，什麼才叫瘋子？」

傑克指著螢幕最上方，由帳號dumbledoreRothIRA的Reddit使用者發布的貼文。坎貝爾不需要回頭查看，她已經看過這則貼文，也大致瀏覽下方的留言，甚至還送出幾個推。現在坎貝爾也有GME股票，所以完全了解這種激情，每股一千美元的GME，在外人看來簡直就是瘋了，但她這個週末大多在瀏覽華爾街賭場板，閱讀一則又一則留言，鄉民自豪地展示自己的「鑽石手」，各行各業的人買進股票，並在板上貼出自己的交易帳戶供大家欣賞。遊戲驛站股價上看一千美元，絕對不是異想天開。

坎貝爾向身後望了望，確認小診察區周圍的簾幕拉得密密實實的，如果有醫生恰好經過，看到她給患者看手機，就麻煩大了，不過今天她願意冒險，畢竟螢幕上的內容實在太精采，她今天差點要翹班了。

股價狂飆，漲勢再起

上班前，坎貝爾把車子停在醫院後方的停車場，在車裡用手機滑華爾街賭場板三十分鐘。這令人難以置信，不過上週五GME每股六十五·〇一美元的收盤價只是剛開始，火箭完全沒有在週末放慢速度，而且這兩天，整個華爾街賭場板社群似乎和她一樣陷入狂喜，滿心期待可能即將發生的事。

今早開市時，股價彷彿被炸飛的鍋蓋，馬上就飆到每股九十六．七三美元。而這還只是前菜，坎貝爾午休時打開羅賓漢應用程式查看股價，當時GME已來到接近當日新高的一百五十九．一八美元。不過午後股價又稍微下滑，三十分鐘前以每股七十六．七九美元作收，比週五的收盤價還高出十美元，就連現在的盤後交易時段，股價仍在推高，也許會回到今日高點。

你很難相信，坎貝爾的一百股在中午時市價將近一萬六千美元，就連現在也還有七千六百七十九美元，如果全數賣出，要幫布萊恩做牙套已經綽綽有餘。

但是，她根本不打算賣。

傑克指著螢幕，說：「妳看這個人，他絕對應該被約束起來。」

傑克點了板上的一個連結，連到推特上的一支短片，坎貝爾看向他指著的地方，馬上認出影片裡的男子，因為她已經關注對方好一段時間：數位媒體公司Barstool創辦人大衛．波特尼（David Portnoy）。Barstool最早是雜誌出版社，後來跨足網路媒體業務，主要報導體育相關新聞，近來已茁壯成為網際網路巨擘，主要客群是會訂閱《運動畫刊》、《美信》（*Maxim*）和《花花公子》（*Playboy*）的男士。波特尼這個人很有魅力，性格狂熱、火爆，操著波士頓口音，語調帶有鼓譟的意味，外貌就和你我等平凡人無異，他經常發布披薩評論影片，有時也會談論股票。

坎貝爾從一開始就很喜歡波特尼，雖然對方是擁有成群追蹤者的百萬富翁，但她覺得對方特別親切，總能說到她的心坎裡。

影片中的波特尼留著鬍子，身穿白色T恤，對著鏡頭說道：「我對遊戲驛站的飆漲毫無意見。華爾街賭場板把遊戲驛站股價送上天，賣空者被軋空。我相信華爾街那些老屁股一定會抱怨東抱怨西……閉嘴好嗎？不能與時俱進就等著被淘汰！華爾街賭場板哪裡也不去，Reddit 也不會關站，羅賓漢也是……這就是遊戲規則。你知道嗎？一開始，足球也不准向前傳球……新交易員、新策略……這是全世界最大的賭場……唯一的差異是，現在華爾街賭場板的鄉民也會買賣股票了……你以為大銀行就不會哄抬股價割韭菜嗎？閉嘴！不是只有你們可以這麼做，現在哭也於事無補了！」

要不是坎貝爾的雙手忙著操作血壓計，簡直要大聲鼓掌。波特尼說得對極了，主流商業新聞到處都是對遊戲驛站飆漲「大發牢騷」的華爾街投資人，彷彿他們無法接受自己對市場的掌控，被 Reddit 板上一票業餘人士破壞的事實。

坎貝爾一邊打氣，一邊說：「他說的沒錯，雖然用詞比較粗俗，不過他說的沒錯。」

「妳要選他當總統嗎？」

坎貝爾格外用力地打氣，說：「他也不比其他人差。」

不過傑克已經關掉波特尼的怒罵影片，開始瀏覽華爾街賭場板上的另一則貼文。他小聲地吹了口哨，用手指縮放螢幕，放大圖片。

坎貝爾立刻看出那是DFV最新的YOLO更新，和對方的交易帳戶截圖，難怪傑克會驚訝地吹口哨，對方帳戶裡的數字確實非常驚人。

「這是真的錢嗎？」

坎貝爾點點頭。DFV最初五萬三千美元的資金呈爆炸性成長，他的帳戶顯示現在持有五萬股遊戲驛站股票，以七十六．七九美元的市價計算，這些股票總價三百八十三萬九千五百美元。此外，他還買了八百口四月十六日到期的GME買權，履約價是每股十二美元，這些選擇權現值五百二十萬美元。再加上先前已經兌現的選擇權，DFV的帳戶總資產接近一千四百萬美元。

軋空態勢儼然成形

難怪DFV成為華爾街賭場板上最受擁戴的使用者，他的YouTube影片觀看次數上看數十萬次。同樣不令人意外的是，現在不只是商業節目和財經頻道，所有主流媒體平台都在報導遊戲驛站。DFV是他們的一分子，也只是眾多「智障」、「人猩猩」的一員，靠著遊戲驛站賺進一千四百萬美元，同時直搗華爾街的核心。坎貝爾毫不猶豫地相信，那些賣空的人已經開始恐慌了，怎麼可能不慌呢？如果這還不叫軋空，她發誓下半輩子只投票給民主黨。

GME股價飆高的同時，在傳遍板上的爆紅哏圖中，坎貝爾最喜歡的就是以CNBC頻道選股專家暨投資狂人克萊莫做成的哏圖，他數次在節目中試圖壓過來賓的高聲爭論，說明事發緣由。他總結出華爾街賭場板上顯而易見的交易策略，而這和華爾街的演算法、繁複數學大相逕庭，鄉民沒有進行長達數個月的研究，更不是高薪分析師，答案很簡單，就只是因為「我們喜歡這支股票！我們喜歡這支股票！」這句話突然成為口號，不僅因為它琅琅上口，適合做成哏圖，更因為它完美總結DFV這一年多來大聲疾呼的精髓所在。

現在DFV不再是孤單窩在地下室的一個人，加入行列的也不只有Reddit板上少數幾個怪胎。那天早上，坎貝爾出門上班前，在廚房餐桌旁查看手機，這時候大兒子布萊恩靠過來，看到她的交易帳戶。

布萊恩睜大眼睛，問道：「媽，妳有遊戲驛站的股票？」

坎貝爾回答道：「對啊！而且我買在十六美元。」

坎貝爾從未看過兒子如此興奮，布萊恩馬上傳簡訊給朋友，告訴他們這件事，還把朋友的回應拿給坎貝爾看：**天啊！他媽的太棒了！叫她之後去買狗狗幣**。

坎貝爾知道這樣很蠢，但是聽到兒子這樣的評語仍然讓她飄飄然，被青少年子女誇讚很酷，就和獲得克萊莫或波特尼的讚美一樣棒。老實說，她也覺得相當自豪。

坎貝爾查看血壓計的數字，填寫在傑克的表格上，發現自己仍在微笑。上週一整週（還有週末），欽威不斷傳簡訊和電子郵件叫她賣掉GME，不過她很堅定，決定繼續抱緊股票。當然欽威也是為她著想，但欽威不懂，她現在是社群的一分子，這是千真萬確的事件，她要一路見證到最後。

傑克繼續看著坎貝爾的手機，說：「每股一千美元？你們還說我精神錯亂。」

坎貝爾撕開傑克手臂上的魔鬼氈，說：「沒有人那樣說你，而且小小幻想一下沒什麼不好的，有時候這能幫助你撐過難受的日子。」

坎貝爾看著傑克繼續滑動螢幕。每股一千美元？也許傑克說的沒錯，也許他們都只是在自欺欺人。

DFV靠著自欺，滾出一千四百萬美元。坎貝爾也和他一樣，抱著一百股，開心地擺脫生命一再拋向她的磨難。

如果遊戲驛站的飆漲只是眾人巨大的共同幻想，一廂情願地相信一群平凡人能擊倒華爾街，坎貝爾很樂意閉上眼睛，縱身投入這種感覺，模糊真實、可能與純屬幻想的界線……

第十七章

鋼鐵人馬斯克參戰

十二小時後。

加州霍桑（Hawthorne）居民主要為勞工階級，距離洛杉磯十五英里，在地表四十英尺下的地方，新開鑿的隧道中裝載電動力學懸浮軌道和線性感應馬達，還有一個部分完工的超迴路車廂，裝設風扇進氣口與軸流壓縮機。

特斯拉（Tesla）執行長暨科技之王；SpaceX執行長、技術長、設計長；狗狗幣狂熱人士；比特幣傳教士；有時是世界最富有的人；銀河聯邦（Galactic Federation of Planets）前總裁馬斯克，在十二英尺高、一英里長的超迴路測試軌道上飛快奔馳，步伐頻率彷彿高達每分鐘一千步。

馬斯克在地下隧道的低壓環境中氣喘吁吁、大口吸氣，內嵌於小腦中的尖端神經連結晶片，立即透過神經傳導路徑發送訊息，持續調整身體的循環與呼吸系統，補足氧氣需求。

馬斯克持續加速，繞過半完工的乘客車廂，接著一個翻滾，以肩膀朝下的姿勢撞上磁浮軌道間柔軟的地面，接著順暢地轉換為蹲伏姿勢。接著，馬斯克舉起巨大的 Boring Company 火焰噴射槍（品名為「這不是火焰噴射槍」），黑白相間的槍管上裝著丙烷氣罐，氣閥已經開啟，瓦斯流瀉，一隻手打開點火裝置，另一隻手指輕按扳機。

在蹲伏處正上方約九英尺處，馬斯克看到巨大的鑽洞機以後輪站立，抬起前肢，彷彿一隻機械昆蟲，接著向前朝他猛撲。馬斯克啟動火焰噴射槍的點火裝置，點燃丙烷，在手指扣下扳機前的一剎那，他知道這次是他們走運，下次就不一定了。鑽洞機儘管嚇人，但控制機器內部電腦系統的人工智慧不過今早才開始有了自己的意識，觸發馬斯克親自裝上的反自我意識人工智慧軟體。再過幾個小時，鑽洞機的人工智慧就能取得所需知識，了解自己是誰、身處何處、存在原因和要殲滅的對象，那時候想再出手阻止就太遲了。

不過反自我意識軟體發揮功效，馬斯克及時趕到隧道裡。當然，身為所知宇宙中呼風喚雨、備受愛戴的企業家，這項工作交給眾多反人工智慧殲滅小隊（Anti-AI Kill Team）就可以了，不過他就是那種事必躬親的執行長。他為人所知的事蹟，包括在電動車公司生產 Model 3 轎車遭遇製程問題時，親自睡在組裝廠的地板上，一連五天穿同一套衣服。同樣地，如果超迴路測試隧道中有人工智慧機器甦醒，他也會親自解決問題。

馬斯克把火焰噴射槍架在肩膀上，槍管指向那台具有自我意識的鑽洞機，等待機器持續逼近，進入武器最有效的攻擊範圍。機器的控制二極體發出亮光，彷彿某種邪惡野獸的火紅眼睛，馬斯克直直望向它，用力扣下扳機。

火焰噴射而出，吞噬鑽洞機。人工智慧機器嘶聲尖叫，齒輪在超高溫的丁烷風暴中停止轉動，機器外殼開始變形，馬斯克更用力地扣住扳機，看著火焰熊熊燃燒、閃爍，橘紅色光輝飢餓地吞噬一切。

老天，真是一幅美麗的景象。

不斷創造話題的科技大亨

六個小時後，馬斯克從高壓氧睡眠艙中甦醒，用力眨眨眼睛，驅逐最後一絲朦朧睡意。再眨一下眼睛，馬斯克啟動神經連結，利用無線連線開啟廣袤指揮地下碉堡的天花板照明，同時啟動睡眠艙旁咖啡桌上的老式唱盤。輕柔的小提琴旋律穿過睡眠艙的厚重壓克力流瀉而入，馬斯克覺得疲憊的肌肉開始放鬆。平常他偏愛電子流行樂或法蘭克・辛納屈（Frank Sinatra）的經典老歌，不過經歷與人工智慧機器人一夜大戰，認為古典弦樂會是更好的選擇。

他再次眨眨眼睛，睡眠艙頂蓋嘶的一聲開啟。馬斯克坐起身，拉開太空保暖毯，伸展雙腳。這個動作讓右肩一陣劇痛，他有些吃驚，一般來說，火焰噴射槍的後座力不大，所以應該是翻滾動作害他受傷，這個動作需要多練幾次。再眨一次眼睛，他透過蛛網般的神經網絡，往肩膀三角肌發送些微多巴胺，壓抑痛覺。

接著馬斯克爬出睡眠艙，穿越地堡，走向廚房區，廚房倚著花崗岩牆面的自然弧線而設計。他腳下的石頭地板暖暖的，這是擁有祕密地下碉堡的好處之一，地板的熱源來自地熱通風口。這裡位於測試隧道下方約一百英尺處，連結一條高度機密、全面完工的超迴路隧道，可以直接通往位於岸邊兩英里，機密程度更高、同樣全面完工的圓頂太空塢，他心知這種地方具有濃厚的「〇〇七反派」色彩，不過反正多數關於他的報導都與事實有所出入或根本是瞎掰的。此外，炒作關於自己創舉的話題能帶來滿滿的成就感。如果馬斯克沒有地下碉堡、高壓氧睡眠艙或用火焰噴射槍擊退人工智慧機器人，還有誰會這麼做？傑夫．貝佐斯（Jeff Bezos）、巴菲特，還是比爾．蓋茲（Bill Gates）？

想到蓋茲發射火焰噴射槍的畫面，馬斯克的臉上浮現笑容。他走向廚房，雙門冰箱旁美耐板流理台角落的調理機已經開始高速運轉，調理機攪打完畢後，他拿起容杯，看著裡面紅紅綠綠的液體。

他還不習慣這種果菜汁接觸到空氣中的氧氣後微微發光的樣子，更別說氣味了，簡直像是外星人嘔吐物。話說回來，這種果菜汁的原料是一種葫蘆狀蔬菜，栽種地不在加州，也不在德州（他即將把部分基地遷移到德州），其實根本不在地球，這是最近一次超機密 SpaceX 任務帶回來的作物。這趟太空任務用的不是媒體大篇幅報導的可回收火箭，雖然可回收火箭的技術確實會改變整個航太產業，但這次任務用的是另一種更精密的太空梭，那艘太空梭位於附近另一處地下碉堡內，搭載馬斯克當選銀河聯邦總裁後「借來」的機率號引擎（Probability Engine）。要是沒有機率號引擎，至少還要好幾年才能回答火星上是否有生命這個古老問題，但現在他很肯定：有，而且雖然外觀不起眼，口味卻意外地還不錯。

馬斯克就著調理機容杯啜飲一口，接著用神經連結開啟占滿冰箱對面大半牆面的電腦平面螢幕。畫面最先出現的是他前一晚擊退人工智慧機器人返家後瀏覽的網站，一看到那個一頭金髮、戴著墨鏡的吉祥物，他的笑容加深了。

新仇舊恨交織下，對賣空者深惡痛絕

身為（有時是）全世界最富有的人，居然對一群自稱「智障」、「大猩猩」的族群有著莫名的親切感，如果和馬斯克不熟，不清楚他現在個性或過去經商歷史的人一定會感到意外。

馬斯克一直是夢想家，熱衷於革新創舉，二十四歲就與弟弟成立名為 Zip2 的軟體新創公司，四年後以三億美元的價格售出。才不過一年，又協助創立 PayPal，之後不久被 eBay 以十五億美元收購。同年，他創立 SpaceX，兩年後加入特斯拉擔任執行長與產品總架構師。不過不像其他富裕的執行長和商界人士，馬斯克不只是管理，而是親手打造；雖然他富可敵國，但他的動力並不是追逐金錢，而是一心想把世界變得更美好，包括存在地面上、地底下，還有一億七千六百三十萬英里外的生命。

馬斯克利用神經連結過濾華爾街賭場板的留言，某些名字、詞彙、主題躍然而出：梅爾文資本、軋空、華爾街菁英 vs. 一般百姓，感覺腹中升起一團怒火。

馬斯克不只在精神層面認同這些「智障」和「大猩猩」，他們集結支持自己熱愛的公司，協助公司撐過這場瘋狂的疫情；在親身經歷方面，他也深有同感，憎恨著同樣的敵人，這些敵人幾乎一度摧毀他本人，大扯他公司的後腿，攻擊之猛不亞於想要殲滅世界的人工智慧機器人。

賣空者對特斯拉的盈虧造成嚴重衝擊，再加上馬斯克在推特上的公開怒罵，讓雙方的交火過程更廣為人知。早在二〇一二年，由華爾街典型西裝筆挺的專業人士組成的賣空者，隱身在坐擁數十億美元資金的避險基金後頭，或是偽裝成公正客觀的「分析師」，就已經開始攻擊特斯拉和馬斯克本人。

馬斯克想要藉由特斯拉打造更美好的未來，建造無須燃燒化石燃料的電動車，也積極研發自駕功能。開創性事物總存在風險，也相當艱辛；但在賣空者的眼裡，勇於冒險挑戰難題的公司就只是他們獲利的肥羊。

馬斯克很清楚賣空者合理化自己破壞行徑的藉口：我們只是要揪出弱點和詐欺、揭發消費者有權知道的真相、保護整體市場。但任何一家曾被賣空瘋狂打壓的公司都知道實情：賣空者不只是打賭某支股票會下跌，然後像禿鷹一樣飢腸轆轆地等待大啖死屍的時機；還會出手壓低股價，不僅賣空股份，還捏造負面報導、煽動輿論。大銀行僱用成群分析師，可以隨時調降股票評等；雖然銀行極力宣稱分析師與投資部門相互獨立，但明眼人都知道串通之事是家常便飯。

二〇一八年，特斯拉的 Model 3 製程問題見報後，賣空者便團結發動攻擊。在特斯拉和賣空者最為人所知的公開戰役裡，賣空方的代表人物是避險基金巨頭大衛・安宏（David Einhorn），同時也是綠光資本（Greenlight Capital）創辦人。安宏不僅持有大量特斯拉空頭部位，在致投資人的公開信中還以馬斯克本人當作標靶。

與賣空方針鋒相對，毫不退讓

這件事要從那年夏天開始說起，當時特斯拉股票連番上漲，導致安宏的基金空頭部位出現虧損。馬斯克在推文中嘲諷安宏：**難看啊！我會寄一箱短褲給安宏，幫助他度過這個難受的時期。**安宏在季度的致投資人公開信中回擊，信件內容被CNBC等多家媒體報導：

研發衝高產量的技術，只為發表沾沾自喜的推文，用這種方法加速生產具有經濟效率嗎？為了給賣空者顏色瞧瞧，而趕製出來的電動車品質能讓顧客滿意嗎？……本季最驚人的發現就是，馬斯克這個人難以捉摸，似乎已經走投無路。

這還只是開端，下一季度的公開信中，安宏的炮火更加直接，拿倒閉的銀行雷曼兄弟來比喻特斯拉。

就和雷曼兄弟一樣，欺瞞將被揭發，特斯拉即將玩火自焚……馬斯克無常的行徑顯示他也抱持相同看法。

此外，據彭博（Bloomberg）報導，安宏指控特斯拉無法達到公司為Model 3設定的目標價低標，而馬斯克正試圖讓公司開除自己。

他不能辭職，這樣馬斯克先生才能在被開除後宣稱：要是我還留在公司，早就解決這個問題了。

和華爾街賭場板上志同道合的夥伴一樣，馬斯克也把軋空之戰看成私人恩怨，不僅對賣空者憤恨難平，顯然也對華爾街利用別人的挫敗中飽私囊的做法厭惡至極。在另一則推文中，馬斯克甚至把證交會改名為**賣空者致富委員會**（Shortseller Enrichment Commission），簡稱同樣是SEC。

當時，馬斯克日夜埋首工作，設法解決特斯拉的製程問題，把工廠當成家，親自指揮為趕上時程與達到目標價格所需的修正。不過賣空者不在乎他多麼努力工作，也無視他想要打造的未來，他們唯利是圖。投資人公開信發布後，商業報導一篇接著一篇，接連質疑特斯拉的技術、產線，看到黑影就開槍。在特斯拉每股股價至少一百美元時，報導就以特斯拉的債務負擔為由，將股票最低目標價調降到可笑的每股十美元。他們都低估馬斯克的韌性與技術；不懂馬斯克不只是在販賣產品，而是在譜畫夢想。

但是美夢不能幫賣空者賺錢，他們靠夢魘來吸血。在雙方交火最猛烈的時期，從特斯拉的角度來看，空方手段齷齪。當時一支特斯拉電池著火的影片突然竄紅，引發數篇報導臆測電動車的危險性，尤其是Model S車款。雖然統計上，特斯拉著火的機率是一般汽油車的十分之一，但是媒體對此視而不見，這項事實更無法登上新聞頭條。尤有甚者，一份商業雜誌報導一位疑似心懷不滿的特斯拉員工宣稱Model 3也使用瑕疵電池，接著媒體在全無查證的情況下開始大肆報導。

批評賣空操作毫無道德，不應合法

馬斯克很高興終於擊倒賣空方，特斯拉的股價現在維持在每股八百八十美元以上，也沒有人談論電池爆炸的問題了，卻忘不了賣空者對他窮追猛打造成的創傷。瀏覽華爾街賭場板，看到留言對梅爾文資本和香櫞研究的萊夫特表達滿腔怒火，他也氣憤難平。巧合的是，梅爾文資本也是當時針對馬斯克和特斯拉發動攻擊的賣空者之一，香櫞研究同樣在一旁落井下石。

他之前就曾推文，而且真的認為：**賣空的操作「不應該合法」**，夢想成真才是獲利的時機，你沒有必要靠著別人夢想破滅來大發利市，這麼做毫無道德可言。

馬斯克確信GME軋空正在上演，前一天，一月二十五日星期一，GME收盤價是七十六．七九美元，現在即將開盤，價格來到八十八．五六美元，梅爾文資本和那一幫可惡的賣空者很快就會急著回補，只要華爾街賭場板的鄉民握緊手中股票，賣空者就找不到股票回補，因此必須付出高額的代價。

馬斯克又喝了一口火星茄子（還是南瓜？反正他終究會想好怎麼命名）打成的果菜汁，想著賣空者火燒屁股的畫面。他還沒想好要怎麼參與這場盛會，只知道自己不可能保持沉默。

許多投資者和批評者都希望，馬斯克不要在推特上那麼口無遮攔。他們不知道的是，推特和其他眾多社群網路平台，不只是手機或電子郵件那樣的通訊工具，而是人與人之間的橋梁，不只連結個人，而是連結所有人。當馬斯克閉上眼睛時，不必使用神經連結也知道，不只有他抱持著這樣的想法，數百萬個螢幕浮現在他的眼前。

由這些螢幕推動的革命將和以往不同，速度將會加快，衝擊將更為直接。這些人蹲踞在網路世界的陰暗角落，盯著螢幕，心中有一把共同的怒火，他們彼此連結。馬斯克只是這個憤憤不平的反社會網絡裡的一個節點，但是每個節點都連向四面八方，向外無限發散，因此這也許是人類歷史上第一次，網路發出的槍響將在世界各地迴盪。

第十八章
各方人馬引爆多空混戰

二〇二一年一月二十六日

半天後的週二下午，距離收盤還有幾分鐘。

GME股價：一百四十七·九八美元。

普洛特金大概可以想到好幾起爾街災難事件，情境中會有一位穿著價值三千美元西裝的男士衝進交易廳，大喊「賣掉、賣掉、賣掉！」另一方面，銀行家高喊「快買、快買、快買！」的情況少之又少。

不過隨著壺蓋被炸飛、颶風襲擊曼哈頓下城、核電廠情況危急，現在好幾家大型銀行瀰漫著急於買進的氣氛。直到一月二十六日的今天，在所有持有遊戲驛站空頭部位的基金公司裡（當然也包括情況最慘重的梅爾文資本），這一週來最具代表性的字就是「買」。

快買、快買、快買！

收盤鐘響前混亂的幾分鐘，對普洛特金來說好似慢動作，不敢相信事情會演變成這種局面，只能盡力維持表面上的冷靜，彷彿一切都在掌控之中，就像喬丹在重要比賽落後的情況下依然維持沉著的神情。不過在這種情況下，再多三分球都挽救不了頹勢，令人驚奇的特技灌籃也改變不了結局，因為有人已經直接挪走籃球架。

難道他之前的計算有誤嗎？一群沒有什麼組織的當日沖銷散戶，居然能使一支股票與基本面大幅脫鉤，憑空製造軋空行情？從空方觀點來看，這簡直不可思議。還是檯面下有什麼見不得光的事？至少華爾街賭場板上的貼文和留言顯示協調一致的行動，鄉民號召攻擊梅爾文資本的部位，不只是遊戲驛站，而是所有空頭部位。但光是這樣就能讓股價暴衝嗎？

普洛特金不敢大聲說出，甚至不敢在心裡想，但是華爾街賭場板上的這群「傻瓜」，這群窩在沙發上，拿著新冠肺炎「紓困金」買股票的魯蛇散戶，恐怕並不是事情的全貌。他們的確吃下很多GME流通在外股數，不過即便如此，似乎還有其他勢力，涉及精妙的買權操作，也許還有更大筆資金想要趁這群散戶暴民的聲勢藉機打劫，一切感覺像是有組織的行動。而且沒有人能否認，遊戲驛站的股價已經和公司本身的價值毫無關聯。

無論實情如何，現在已經無法抵擋壓力，沒有其他選擇。普洛特金和所有做過功課、賣空遊戲驛站的華爾街人士都必須盡快回補，必須從肯賣的人手中買回股票，買回一股算一股。

普洛特金無疑低估了對立程度，甚至可能還沒有真正認清現實，也忽略情緒的因素：怨恨、復仇和憤怒都是實際的動機，再透過社群網路放大百萬倍，或是透過不可見的強大力量凝聚、點燃，這些情緒動機足以移山，當然也能左右股價。

普洛特金可以輕易想像得到，如果沒有疫情，二十二樓辦公室碰到這種事會是什麼模樣。他的年輕子弟兵會埋首於電話與電腦中，吼叫、咒罵，甚至把東西丟來丟去。有些人很生氣，多數人嚇得半死，擔心每秒不斷加大的虧損，擔心自己會丟了工作。雖然你不會開除家人，但是比利表哥通常也不會在早餐前就虧損十億美元。

雖然他們不在辦公室，而是在家中遠距工作，在家裡額外的臥房、閣樓或遊戲室對著螢幕怒吼，普洛特金想到梅爾文資本的員工和合夥人現正面臨的處境，覺得相當難受。梅爾文資本正要迎來華爾街史上最大的挫敗，雖然外界並不清楚遊戲驛站造成的實際虧損，不過據《華爾街日報》和CNBC頻道等來源透露，梅爾文資本的損失高達總資產的五三%。年初，梅爾文資本管理約一百二十五億美元資金，假如報導正確，就代表公司的損失超過六十五億美元。

虧損主要來自遊戲驛站，不過華爾街賭場板也不放過該公司其他賣空部位，像是影音娛樂公司AMC、黑莓、居家用品公司Bed Bath & Beyond。

各方發言選邊站，促成反常又危險的狀態

這分明是針對性的攻擊，這些公司基本面堪憂，股價迅速上揚毫無道理可言，它們只是被當作攻擊華爾街空頭部位的武器。遊戲驛站成為美國股市裡交易量最大的股票，超越蘋果（Apple）、微軟、特斯拉；該公司市值在一年內從三億五千萬美元飆升到一百億美元，而且飆漲主要集中在過去三個交易日，然而另一方面，遊戲驛站的經營持續面臨赤字，就連一開始帶頭買進多頭部位的貝瑞也表示，目前的交易「反常、瘋狂且危險」。

貝瑞就是最好的例證，顯示整件事不只是媒體所說的那樣，表示這只是梅爾文資本等賣空機構與華爾街賭場板暴民的對決。普洛特金知道用新冠肺炎紓困金買股票的散戶可能是其中一股力量，但是還有更大筆的資金在推波助瀾，尤其是過去幾個小時，似乎所有人都想進場玩一把。

也許查馬斯．帕利哈皮提亞（Chamath Palihapitiya）是今天混亂裡最顯著的聲音，他是社會資本（Social Capital）基金公司創辦人暨前任管理者，不過經過一段自省後，這位億萬富翁

開始思考生命中真正重要的事物，於是在二〇一七年關閉基金公司，在當時引發軒然大波。他曾於二〇一八年接受卡拉．史威舍（Kara Swisher）和泰迪．施萊弗（Teddy Schleifer）主持的播客節目訪問，說明自己做出這個決定的原因，以下內容摘自新聞評論網站 Vox 的報導：

我一直在思索，累積這麼多東西——說服更多公司投資、募得更多資金，知名度提升、更多新聞曝光，更多這個、更多那個，但是為什麼我沒有更快樂？其實還變得更不快樂。事實上，我覺得自己矮化了生命中一些重要關係，在生活許多面向反而創造出對價關係……我想對所有曾在手下工作或把錢交給我的人說：不客氣！我們只是做好份內工作。不過就像喬丹決定退休，轉戰棒球界，我也選擇退休來打棒球。我可能會回到籃壇，但這是我自己的決定。我不是你的奴隸，我想要澄清這一點。兩百年前，你可能會因為我的膚色而搞不清楚狀況，但我絕對不是你的奴隸。

不只是單純看多或看空，而是演變成道德之戰

顯然退休打棒球的決定，讓帕利哈皮提亞有空加入遊戲驛站的混戰，他毫不遲疑地站在華爾

街賭場板暴民那一邊。當天盤中，帕利哈皮提亞推文表示自己買進遊戲驛站的買權，接著又上ＣＮＢＣ頻道，高舉華爾街賭場板的大旗。

在節目中，帕利哈皮提亞表示自己徹夜瀏覽華爾街賭場板，他相信大家眼前的這起事件是「深具意義的抵抗體制行動」。他並沒有把華爾街賭場板族群貶低為業餘菜鳥，其實正好相反，他說：「如果你對這件事不以為然，我會建議你上華爾街賭場板看一看，好好瀏覽這個論壇。」他不僅認為部分貼文確實針對遊戲驛站公司基本面進行完善的研究，也完全明瞭凝聚社群的那股熱情，「很多經歷過二〇〇八年金融危機的人」看到「華爾街冒險賭博，卻害散戶被套牢；這些讀高中、大學的孩子看到父母失業、失去家園……為什麼大銀行可以獲得紓困，卻沒有人來拉我家一把？」

帕利哈皮提亞不認為這種目前市場的混亂狀態是金融體制的暫時失序，他說：「散戶勢力不會消逝。」他認為華爾街長年把一般投資人當成魚肉，大玩金錢遊戲，現在只是自食惡果。「正常人看到遊戲驛站的狀況會問：你怎麼能賣空一三六%的股票？賣空的股份怎麼能比實際存在的股份多出四〇%？其實這就是華爾街一直在玩的遊戲……現在他們聰明反被聰明誤。」

接著，帕利哈皮提亞直接點名梅爾文資本：「操作遊戲驛站股票引發民怨的罪魁禍首就是梅爾文資本。普洛特金是我那個年代的巨頭之一……不過到頭來……對他不利的交易，就是對整個華爾街不利……看重基本面動能的投資者也能集結有組織的資金，維持鬆散的連結……像是華爾街賭場板……他們也能站上平等的競爭位置。」儘管梅爾文資本資金雄厚、地位崇高，但散戶「不一定永遠是被套牢的那一方……」。

把帕利哈皮提亞描繪成「鑽石手」、文化鬥士並不正確，他並沒有與華爾街賭場板的暴民共進退，據報導，他在接受CNBC訪問前，就已經結清遊戲驛站的買權，並承諾向波特尼的Barstool基金（Barstool Fund）捐出五十萬美元利潤，作為小型企業的紓困基金。此外，他近來透過推特等平台，宣布將參選加州州長，不過一週後又宣布退選，顯然他所謂的「自籃壇退休」，不代表不享受偶爾回到聚光燈、鎂光燈下，站到攝影機前拿起麥克風。

大咖推文加速股價一飛沖天

華爾街賭場板的成員上看兩百五十萬人，而且仍在增加，而普洛特金的心裡明白，對抗他和梅爾文資本的勢力，已經遠遠不只這些窩在地下室的鄉民。遊戲驛站不再只是一家凋零的實體公司，而是一個理念；立場不再只是單純看多或看空，而是一個道德議題，他突然發現自己站在逆風的那一邊。

普洛特金已經別無選擇了，儘管很想再多等一天，看看市場能否重拾理性，讓風暴恢復平靜，但他知道風險正逐分逐秒升高。股價持續飆高，而且一如帕利哈皮提亞的預測，事情不會在短期內回歸常態，也許永遠都不會。

事實上，事態即將變得更為險峻。

普洛特金向CNBC的《股市擴音器》（*Squawk Box*）節目主持人安德魯・羅斯・索爾金（Andrew Ross Sorkin）表示，在馬斯克那則古怪、簡潔、煽動市場的推文，傳遍全世界的手機和筆記型電腦螢幕前，他就已經承受鉅額虧損，回補多數空頭部位。馬斯克的發文時間是收盤後八分鐘，內容簡單明瞭：「**遊戲驛站發大財！！**」並附上華爾街賭場板連結，發送給四千兩百萬名跟隨者，有如在市場裡投下炸彈，遊戲驛站股價立即飆漲六〇％，而且毫無減緩的跡象。沒有人知道股價能飆高到什麼程度，不過傳遍華爾街賭場板的每股一千美元目標價，似乎不再只是痴人說夢。

普洛特金坐在書桌前，貼近耳朵的電話有如鉛塊般沉重。這一週來的對話，是他職涯中數一數二難受的經驗。無論他在大眾面前或透過發言人擺出多麼沉著的態度，同僚與業界競爭者無疑都心知肚明：普洛特金面臨存亡關頭，梅爾文資本命懸一線，再退一步便是無底深淵。

不過即便面臨如此混亂的情況，普洛特金仍然抱持積極的態度。事實上，兩天前，一月二十五日時，他做了一項相當有遠見的安排，調整梅爾文資本的資產配置。

在童話故事和電影裡，人們總以為與惡魔打交道是壞事，不過在華爾街，和惡魔打交道有如家常便飯，就和奢侈品牌康納利（Canali）西裝和菲拉格慕（Ferragamo）領帶一樣稀鬆平常。華爾街沒有什麼天使，而且惡魔才知道怎麼把事情辦得妥當。

儘管普洛特金堅持賣空是正確判斷，但事到如今也只能急忙回補空頭部位，而且旁人大概心裡有譜，面對接下來的發展，他大概也別無選擇。普洛特金承受鉅額虧損，破產的耳語已傳遍其他基金公司和各家商業媒體平台，雖然他堅稱破產一事是胡言亂語，但他的公司無疑嚴重失血，而他本人比所有人都清楚，要拯救失血的病患，唯一的方法就是輸入更多血液。

第十九章

被遊戲規則保護的一方，根本不須違規

葛里芬是華爾街巨獸 Citadel 執行長、投資長暨創辦人，管理資金高達三百八十億美元，而且透過子公司 Citadel 證券（Citadel Securities）經手美國股市約四〇％的散戶交易。幾乎可以肯定，他按下手機螢幕上的「中斷通話」按鈕時，並沒有坐在以頭顱和白骨鑲嵌而成的巨型象牙白王座上，這些枯骨都來自他攀上金融業頂峰過程中的眾多手下敗將。掛斷電話後，他往後靠坐，開始思索上週一達成的交易，盤算接下來可以（但在任何情況下絕對不會）做的事。

如果這樣的王座真的存在（我有把握並不存在），要把它從 Citadel 位於芝加哥的總辦公室移置到佛羅里達州棕櫚灘（Palm Beach）的疫情暫時總部，一定所費不貲，即便如此，這張王座會是做此盤算的絕佳座椅。

如果葛里芬整個上午都不甚舒適地坐在王座上，可能會注意到王座廳裡異常潮溼，雖然棕櫚灘微風徐徐，不像邁阿密那樣酷暑難耐，但這裡畢竟是佛羅里達州。不過葛里芬和Citadel沒有其他選擇，疫情快速襲來，身為美國最強大的企業，需要與其地位相襯的替代辦公場所。聽到這個消息時，外界可能略感詫異，不過Citadel毅然租下整家四季酒店（Four Seasons Hotel）中幾乎所有的客房、舞廳、衣帽間，形成全世界最大、最嚴密的社交泡泡，成員不只有Citadel員工和隨同南下的家眷，還包括飯店全體職員，從廚師到保全，全都隔離在一起，就這樣度過大半年。這個做法讓Citadel能繼續為客戶提供服務，平順度過整個疫情，對全世界有史以來最大的金融體系核心來說，穩定一致就是關鍵。

二〇〇八年，常有人說有幾家投資銀行規模過於龐大，不能輕易倒閉，因為它們為美國經濟提供不可或缺的服務，假如倒閉，可能會拖垮整個金融體系。不過以Citadel來說，情況可能剛好相反：美國經濟的存在是為了替Citadel效力。

葛里芬稱霸世界的起點，位於佛羅里達州博卡拉頓（Boca Raton），距離Citadel的疫情暫時辦公室不遠。一九八〇年代初，葛里芬就讀高中，專精電腦程式設計，十一年級就成立第一家公司，透過郵件推銷販售教育軟體。一九八六年，葛里芬進入哈佛大學，這時他已轉而從事股票交易。一九八七年，年方十九歲的葛里芬就運用從親友間募集而來的二十六萬五千美元建立第一檔基金，還在宿舍卡博特之家（Cabot House）屋頂上安裝小耳朵天線，以便更快收到股票報價。不過大學校方可能注意到這件事，因此告誡校規不允許學生在宿舍經營事業，身為絕頂聰明的天才孩子，這是他第一次與權威產生衝突。但是葛里芬並沒有因為技術問題而關門大吉，不久便趁著一九八七年末股市重挫的時機做空家庭購物電視網（Home Shopping Network）等公司大賺一票，也透過債券市場效率不彰的問題獲取利潤。他的膽識和能力，引起芝加哥著名投資人暨格蘭伍德資本（Glenwood Capital）經營者法蘭克．邁爾（Frank Meyer）注意。三年後，葛里芬大學畢業，邁爾聘請他來到風城芝加哥，提供百萬美元的資金交由他管理。

大學畢業第一年，葛里芬就繳出獲利七〇％的成績單，也帶來自立門戶的信心。他將公司取名為「Citadel」（意為堡壘），因為認為這個名稱能在「動盪」的時刻展現力量，這個詞彙也能激起「百萬人」心中的「恐懼」，但這八成只是巧合。

避險基金業界的傳奇

從一開始，Citadel 的招牌就是葛里芬的強項：數學、電腦程式設計、信任科技，有些人可能會補充，還有據傳的暴躁脾氣。之後二十年，Citadel 的管理資金成長到超過一百億美元，辦公室位於芝加哥市區的摩天大樓，交易廳就和諾克斯堡（Fort Knox）一樣固若金湯，由無數安檢層層把關。不論有沒有白骨王座，交易廳裡忙碌的手下看到他們的領袖都會退避三舍。業界盛傳（「只是盛傳」）Citadel是金融界的血汗工廠，員工汰換的速度極快，雖然交易員薪資優渥，卻得時時擔心工作朝不保夕，引發華爾街著名的醜事外揚事件。Third Point Management的丹．勒布（Dan Loeb）是相當優秀的基金管理人，喜歡寫信指責他看不慣的做法，據《財星》（*Fortune*）雜誌二〇〇七年的報導，勒布寄電子郵件給葛里芬本人，在信中寫道：

> 你自詡打造出「管理大師吉姆．柯林斯（Jim Collins）《從A到A＋》（*Good to Great*）風格」的公司，實際上卻像極了一座監牢，我覺得其中的落差可笑至極。你身邊圍繞著阿諛奉承者，但是就連你本人應該也知道，員工其實都鄙視、憎恨你，因為我讀過你要求員工簽署的就業協議。

即便如此，直到二〇〇八年史詩般的金融危機前，Citadel的經營一直欣欣向榮，金融危機大概讓葛里芬首次意識到，即便公司勢力強盛，即將集齊中土世界所有魔戒，打造統御一切的至尊魔戒，他仍非所向無敵。

如同多數華爾街基金公司與投資銀行，Citadel受到二〇〇八年金融危機嚴重衝擊，一度損失超過五〇%的資本，市值蒸發八十億美元。對此，葛里芬採取異乎尋常的措施，實施基金「閘門機制」，禁止投資人在公司度過難關前贖回資金。二〇一七年接受茱莉．西格爾（Julie Siegal）訪問時，葛里芬和主持人一邊打Uno紙牌，一邊談到自己的失誤，說明當時距離倒閉其實只有一步之遙。投資銀行雷曼兄弟倒閉後，貨幣市場立即停止所有借貸活動，據報Citadel當時開到八倍槓桿，因此借款是公司存續的命脈。金流水龍頭一關上，Citadel馬上財源枯竭。葛里芬在訪談中指出，他「最大的失誤就是沒有意識到，美國銀行體系變得多麼脆弱」。在Citadel兵荒馬亂之際，CNBC頻道的採訪車就停在芝加哥辦公室門外，準備第一時間報導該公司無可避免的倒閉。葛里芬表示，那是「我職涯中最難受的日子。最糟的是摩根士丹利（Morgan Stanley）處於絕境時，當時我們真的退無可退了。你週五下班回家，要是銀行週一沒有營業，大概就玩完了。」

不過，葛里芬和Citadel奇蹟般地存活了，他沒料到政府會提供紓困，趕在經濟徹底崩盤前挽救大半產業。雖然整起痛苦經驗「極為難堪」，但是葛里芬學到寶貴的教訓：「別把自己當成銀行，除非你就是銀行。」此外，他也意識到自己必須擴大視野，綜觀全局，美國經濟的不堪一擊，害他幾乎失去一切，光是Citadel城堅壁厚還不夠，經濟體本身也應該一樣穩固。

華爾街巨獸的成長史

之後十年，葛里芬致力將 Citadel 打造成證券市場的中心，利用公司卓越的數學與技術，結合交易與資訊流。Citadel 證券是公司的交易和造市部門，成立於二〇〇三年，憑藉「演算法」相關技術，「搶先市場」取得資訊，迅速成長茁壯。由於 Citadel 證券預測交易流向的能力比同業更快、更準確，因此可以在交易量方面壓倒規模更大的銀行，提供更好的價格，還能透過買賣價差賺取龐大利潤。二〇〇五年，證交會通過法規，強制要求證券商尋找 Citadel 這樣的中間人，以便為客戶節省成本；由於證交會的這項規定，葛里芬的公司得以迅速成長，稱霸業界；尤其二〇〇八年之後的十年，線上證券商如雨後春筍般出現，也帶動散戶人數激增，Citadel 證券有效把握這些客群。

在大銀行尚未搞清楚狀況前，Citadel 證券就已經達到規模，穩占無可匹敵的地位。Citadel 的效率奇高，能透過出價和賣價之間些微的價差賺取利潤，再乘以數以百萬計的交易量，收益上看數十億美元，羅賓漢等公司也才得以提供零佣金服務。Citadel 成為華爾街效率最高、價格又最具競爭力的造市商；羅賓漢能為使用者提供零佣金服務；而沙發上、廚房或宿舍裡的散戶，也能利用華爾街專業人士使用的相同工具買賣股票。

三贏局面。

棕櫚灘潮溼悶熱，如果葛里芬的白骨王座真的存在（我敢打賭並不存在），他坐在上面一定也汗流浹背。雖然 Citadel 因疫情被迫南下，不過也託疫情的福，公司急速成長，幫助葛里芬迅速累積財富與權力；人們隔離在家中，辦公室、酒吧、餐廳等一切場所都暫停運作，Citadel 的交易收益卻成長到近七十億美元，公司成長無疑超越以往，獲利提高六七%以上。葛里芬本人身價超過一百六十億美元，登上《富比士》富豪排行榜第二十八名。

葛里芬雖然稱霸世界，宰制美國經濟，但不代表腳下都是平順的康莊大道，就算坐擁演算法、手下員工和精靈鑄造的至尊魔戒，還是有他無法預測的事，剛才掛斷的那通電話顯然就是明證。

葛里芬很難不同情普洛特金，以及對方過去幾天的遭遇。普洛特金進入柯恩的公司前，這位明星交易員二十幾歲時曾在葛里芬的手下工作，儘管時間不長，但葛里芬知道他是業界一流的人才，梅爾文資本所遭遇的事情可能發生在華爾街任何一家公司身上。據報 Citadel 的投資也疑似因為遊戲驛站而蒙受損失，現在無疑已是軋空的開端。雖然據聞葛里芬的風險暴露比另一位金融巨擘、普洛特金前老闆——Point72 的柯恩小得多，但也算是損失慘重，要不是今年疫情讓他大賺一筆，可能會稍微發火，甚至把幾個手下爪牙拋進火坑裡，或是把幾位對手丟進滾水中，去皮剔肉後充當白骨王座的扶手。

不過虧損中也存在機會，就連華爾街大屠殺也還有一線希望。雖然普洛特金不會在CNBC節目上承認，但梅爾文資本確實性命垂危，處境和雷曼兄弟倒塌後的Citadel一樣，這代表該是幾位慷慨好友登場的時候了。

成為體制的一員，比衝破體制更好

當然，葛里芬這樣有權有勢的人物，經營Citadel這麼一家強盛的公司，而且透過訂單流付款的共生機制，擔當線上證券商的骨幹，經手造成遊戲驛站軋空的大量散戶交易，其實有更間接而隱晦的方法可以左右局勢。不過這是葛里芬和Citadel在任何情況下「絕對」不會做的事，不管有多少議員、網路專家、Reddit使用者、假新聞記者、華爾街門外漢如此暗示，但是他絕對、絕對、絕對、絕對、「絕對」，再強調一次，「絕對」想都不會想，更別說實際去做這種事。

外人常以為拉斯維加斯賭場的莊家常作弊，但實際上他們很少這麼做，最簡單的原因就是，他們沒必要作弊，勝率原本就站在他們那一邊。對Citadel和華爾街整體來說也一樣，遊戲規則本來就對他們有利，他們不必違反規定，因為規則都是為他們量身打造的。

確實，普洛特金的梅爾文資本已經退無可退，就如同二〇〇八年的摩根士丹利，但普洛特金仍是華爾街金童、不折不扣的贏家，葛里芬最愛的莫過於和贏家打交道，他不能也不會做任何不道德的事，絕對不會出手干預，讓華爾街占上風，但是可以開支票給梅爾文資本。

畢竟葛里芬非常擅長開支票。例如二〇一九年一月，他花了兩億三千八百萬美元買下紐約市一間公寓，打破美國房屋買賣最高價的紀錄；也在倫敦購置一所一億兩千兩百萬美元的住宅、價值一億美元的漢普頓（Hampton）住宅，還有海湖莊園（Mar-a-Lago）附近一億三千萬美元的宅邸，這裡距離 Citadel 的棕櫚灘暫時總部不遠。葛里芬的慈善捐款不亞於購屋基金，對藝術和教育相關慈善機構的捐款總計近七億美元，包括捐贈一億兩千五百萬美元給芝加哥大學（University of Chicago）；而且購置藝術品也毫不手軟，擁有一幅一億美元的巴斯奇亞畫作、價值三億美元的威廉・德・庫寧（Willem de Kooning）作品、六千萬美元的保羅・塞尚（Paul Cézanne）畫作、要價八千萬美元的賈斯珀・瓊斯（Jasper Johns）作品。

葛里芬與第二任妻子的婚禮，是在凡爾賽宮舉辦為期兩天的宴會，還在瑪麗・安東妮（Marie Antoinette）的私人別墅中舉辦婚宴，誰知道這花了多少錢？葛里芬也喜歡開支票給政治人物，無論左、右兩派（不過據報主要是右派）。據傳他也撥出一筆費用，專門用來防止新聞和網路上出現自己的照片，也因此很難確定，他思索要開支票給普洛特金的梅爾文資本時，是否真的坐在白骨王座上。

葛里芬不是唯一做此交易的人；柯恩的名聲同樣令人聞風喪膽，他和葛里芬共同投入二十七億五千萬美元援助梅爾文資本，交換該公司的「收益分配，細節並未公開」。根據報導，葛里芬和柯恩並非至交好友，兩人的敵對關係甚至曾登上新聞，當時柯恩有多達五名投資組合經理跳槽到Citadel，而他沒有拿出風度，不願和其中一位離職的經理握手。

不過撇開這層敵對關係，葛里芬顯然認為這是一筆划算的交易。他的想法可能是，普洛特金是明星交易員，無疑能從這起「黑天鵝」事件中復原，重拾做多賣空的準確判斷，恢復以往日進斗金的能力。梅爾文資本獲得數十億美元資金挹注後，就能馬上重新振作，這對葛里芬是非常有利的投資。

這筆「紓困金」（普洛特金會強烈反對這種說法）無疑會助長Reddit、推特及主流媒體的論調，表示檯面下正在醞釀齷齪情事，華爾街的狐群狗黨想辦法平息華爾街賭場板的叛亂。但是葛里芬才不怕Reddit或推特，雖然這起事件有幾分類似法國大革命的千禧年版，但要衝進巴士底監獄還算簡單，想要衝撞華爾街？門兒都沒有。葛里芬才不是安東妮（雖然曾在她的別墅中舉辦婚禮），對方儘管生活豪奢，並沒有管理三百億美元資金。

葛里芬這樣有權有勢的人，才不會違反規定來達到目的，因為就和拉斯維加斯的賭場莊家一樣，他們不必這麼做。二〇〇八年的經驗告訴他，規定的目的不是在保護一般人，而是為了保護體制。Reddit 鄉民以為贏得勝利的唯一方法是衝破體制，卻沒發現還有一條更簡單的路。

你不必衝破體制，只要成為體制就行了。

一旦你成為體制，規定就會保護你。

第二十章
占領華爾街運動的餘音

二〇二一年一月二十七日

上午十點。

開盤後三十分鐘。

遊戲驛站股價：驚人的三百五十四・八三美元。

莫拉雷絲一邊心不在焉地用手指比劃著筆記型電腦螢幕，心裡一邊想著：經過兩千年的科學進展和一次小型世界末日才發現，也許專家都搞錯了，或許地球真的是平的。

她用指尖拖曳螢幕上十幾個兩平方英寸的小方塊，重新排列它們的位置。每個小視窗中有一位女子，以及她們身後小巧而繽紛的背景。莫拉雷絲看到有些人在廚房視訊，有些人的背景是客廳、戶外露台，還有一位是在汽車前座，那是一輛不怎麼美觀的中階車款，大概是美國車。

這些女士都緊張地微笑著，不僅因為她們是第一次見面，而且還是透過這種不尋常、沒有溫度的方式，更因為她們共享相同的經驗，但不應該是這樣，二D的視訊技術無法傳達這份立體的互動。

螢幕中央視窗的主持人說道：「我們來談談餵母乳。」她的視窗尤其亮眼，因為選了一幅從陽台眺望歐洲城市的圖案，而不是以自家當作背景，就算莫拉雷絲有專心參與視訊，也叫不出那個城市的名字。主持人說：「就和多數事情一樣，這裡沒有對錯。」

莫拉雷絲很確定，最近這一段日子，很多地方都出錯了。一群孕婦聚在客廳裡，吃著迷你三明治配氣泡水，互相分享自己的憂心、希望和驚喜，話題還有一定的範圍，但是如果同一群女子聚集在 Zoom 聊天室，一旦拘謹感消失，再加上缺乏實際人際互動的牽制，話題頓時就會天馬行空。

即便如此，莫拉雷絲知道自己這麼想不太公平。幾天前，她還很期待這次聚會，她是在 Reddit 上的新手媽媽懷孕板認識這些女子，在今天之前，她只知道這些人的帳戶名稱，很高興能把這些帳戶名稱配上一張臉。

但是莫拉雷絲報名參加時，沒想到會有更緊急的事奪取她的注意力。也許她應該請假，不參與視訊聚會，但她知道丈夫下班回家後，一定會詢問 Zoom 派對的事，而她不希望婚姻這麼早就出現謊言，即便只是無傷大雅的小謊。

不過，她也還沒準備好告訴丈夫真相。

莫拉雷絲的目光從筆記型電腦螢幕移到手機，手機放在流理台上，距離她現在坐的小凳有數英尺遠。流理台面是仿大理石材質，光潔無瑕；房地產仲介稱為「中島」，這是他們的包裝話術之一，其實只是「吧台」，兩者的高級感差多了。她身邊的廚房並沒有特別寬敞，也不怎麼有現代感，不過水槽上方有一扇大片窗戶，採光很好，而且她總是把家裡維持得一塵不染。在沙龍掃地一天後，回家又要拿起掃把確實有些惱人，不過丈夫的下班時間比她還晚，如果想要家裡保持有條不紊，就得自己動手。

但是，現在莫拉雷絲居然深受手機中的混亂情況吸引。

軋空發酵，賣空者爭相回補

自從馬斯克發出古怪的推文：「**遊戲驛站發大財！！**」後，GME 股價瞬間飆破天際，過去十五個小時來，華爾街賭場板簡直欣喜若狂。雖然莫拉雷絲尚未買進任何股份，但她興奮得徹夜難眠，等丈夫沉睡，就開始瀏覽 Reddit 板，日日夜夜不時拿起手機。

馬斯克的推文讓板上眾人陷入狂喜，莫拉雷絲一點都不意外。馬斯克不僅在推文中放上連結，向四千兩萬名跟隨者宣傳華爾街賭場板，其實他原本就大受 Reddit 鄉民歡迎，尊崇他的豐功偉業、反建制的態度和令人耳目一心的溝通方式。許多人認定馬斯克是自己人，是「自閉兒」、「大猩猩」、「智障」的一員，而且還有對抗華爾街賣空者並戰勝的親身經驗。

從馬斯克發文的那一刻起，GME 股價上漲的速度毫不停歇。Zoom 派對開始前，莫拉雷絲看到 GME 開盤價衝破每股三百五十美元，隨即立刻打開華爾街賭場板追蹤動向。CNBC 頻道和其他財經新聞台的客群，是坐在辦公桌前、西裝筆挺的專業人士；莫拉雷絲獲取新聞的管道則來自同儕、社群媒體。

新文章發布的速度好快，莫拉雷絲很難跟得上。這些文章背後的情緒昭然若揭，不再只是言外之意、弦外之音，革命已經全面爆發。

帳號 HoosierProud 的使用者表示：

> 我的報酬已經來到五位數，不過就算股價崩跌，只賺一百美元，我還是很開心，因為我

知道自己幫忙擊倒這些混蛋。毫無疑問，他們完全是活該，他們集體霸凌一家在疫情中苦撐的公司，壓低股價，想要害遊戲驛站破產，藉此賺飽飽。去他們的，操！

另一位帳號 HerculesxMulligan 的使用者表示：

這些避險基金根本就不懂，它們每發布一支影片或一則推文打壓社群媒體或 Reddit，就是在自掘墳墓。股票交易的方式將會從根本永遠改變，它們要是以為虧損只限於GME，就大錯特錯了。

還有一位 Flyingrubberduck 則說：

週五賣空選擇權到期，GME上看一千美元！讓賣空避險基金的血流乾，財富均分給我們老百姓！把特斯拉股價推升到兩千七百美元，向世界證明他們錯了！馬斯克和貝萊德（BlackRock）與我們站在一起，打倒一％！

另一位 Xeronlaw 的發言一針見血，正中紅心：

> 我很清楚自己最後可能會被套牢，但是只要能給那些華爾街混蛋顏色瞧瞧就值得了，他們長久以來操縱系統，以我們為魚肉。

這場運動的規模，至今無疑已經遠遠超越 DFV 和他的 YOLO 貼文。莫拉雷絲不知道確切的數字，但是她看到華爾街賭場板在過去十二小時內新增數百萬名新成員；社群人數在一個月內成長到九百萬人以上。此外，有越來越多板眾也會聚集在社群網路平台 Discord 上，熱烈討論 GME、抨擊梅爾文資本及其他華爾街賣空者，針對接下來一週可能的走向，發表各種理論、陰謀論。

最令人不敢置信的是，到目前為止，這些「智障大猩猩」所說的一切都成真了。從正面來看，軋空顯然發揮效果，梅爾文資本、香櫞研究等同夥都爭先恐後回補；另一方面，傳統商業媒體顯然已經開始編造故事抹黑 Reddit 社群，一再質問鄉民的行為是否合法、有無串連勾結的情事，甚至質疑鄉民打算哄抬股價再拋售。板上許多人提出警告，表示政府可能即將採取行動，認為遲早會有一位有力人士出面介入，通過管制散戶交易的相關法規。板上顯而易見、毫不掩飾的想法是，華爾街不會容許這種事繼續，政府只是華爾街意志的延伸。

莫拉雷絲不知道他們說的是不是真的，不過避險基金顯然已經開始慌亂，而Reddit社群的決心更顯堅定。

即使虧損，也要和小人物站在同一陣線

莫拉雷絲的注意力，來回切換於華爾街賭場板和羅賓漢應用程式之間，看著遊戲驛站驚人的股價，下方是一個向上指的美妙綠色箭頭，更下方是綠色的線圖，呈現一座蓊綠山峰的走勢。當天的交易量已經很高，而且每分鐘持續上升。在交易量的右邊，莫拉雷絲發現「交易」按鈕彷彿正向自己招手，只要按下，就能參與行動。

莫拉雷絲知道自己已經錯過太多，等了太久，但是晚點進場也沒有什麼好損失的。如果這些「智障」和「大猩猩」說的沒錯，他們只要握緊鑽石手，股價就能衝得更高。就算華爾街想到辦法反擊，就算政府介入，就算真的虧錢，至少她親身參與一場盛事，和這些小人物站在一起，對抗菁英，對抗這些大發疫情災難財的肥貓，而老百姓卻染病喪命，還有更多人丟了工作。

莫拉雷絲真的、真的很想加入，而這件事會是她自己的事，她一個人的事。她可以繼續保守

祕密，也許某一天，等兒子或女兒長大，她會告知這個祕密。他們可以一起看著這些荒謬的哏圖大笑，也許她可以告訴子女，她曾和這些小人物站在同一陣線，贏得勝利。

莫拉雷絲放在羅賓漢帳戶中的錢不多，以現在的股價（而且還在迅速上漲），就只能買幾股，不過這還是很有意義。

她已經把孕婦聊天室完全拋在腦後，按下「交易」按鈕，片刻後，螢幕請她輸入金額。莫拉雷絲一鍵一鍵輸入數字，此時呼吸急促。

十股，每股三百五十四美元，總共三千五百四十美元。

再次確認金額，然後下單。莫拉雷絲的手指顫抖著，又或許是她的手機在震動？飄揚的彩色紙屑是很棒的小巧思，但其實她的心裡已經放起煙火。

她終於加入戰局了。

第二十一章

緊抱股票不賣的共進退心態

請不要回覆這封電子郵件，閱讀就好。

「不要賣任何一股。」如果你動我帳戶裡「任何」股票，我會腦溢血死掉。就算市值漲到一千萬美元，「不要動我的帳戶」；就算虧損五萬美元，也「不要動我帳戶。賺錢是我的事，賠錢也是我的事」。我想要事先提出警告，是因為情況即將變得很失控，而你在失控的情況下，曾經做過魯莽的決定。如果你動我的帳戶，害我少賺，你就要十倍奉還。我的用詞很極端，但是我覺得有必要，因為你過去因為衝動、沒有做研究就貿然賣出，我擔心你會動我帳戶裡的股票，害我少賺一大筆錢。

請不要回覆這封電子郵件……「我他媽的絕對不賣。」你如果回覆會害我分心，我不想分心。

我很愛你，也愛錢，但是我更愛你。在這方面，我會很強硬，因為控制情緒就已經夠困難了，我需要你保證絕不介入。我不會因為帳面報酬一天下跌十萬美元就驚慌失措，但是如果你一直煩我，想要說服我賣掉，我會壓力很大、覺得很煩。

請不要回覆這封電子郵件。

愛你的波　敬上

波蹲坐在通往公寓大樓四樓的狹窄樓梯井頂端，全身顫抖著，他的雙手捧著筆記型電腦，一再閱讀螢幕上的斗大字體，那是他剛剛寄出的電子郵件。他一按下「傳送」就後悔了，部分原因是，他是在缺乏睡眠的情況下，打出這封措辭嚴厲又要求強硬的信。他已經連續兩天輾轉難眠，不停輪流瀏覽華爾街賭場板、Discord和交易帳戶，查看盤後新聞與動態。不過內心深處，波知道原因不只是過度疲勞，甚至也不是恐慌感，因為父親確實可能已經接手他的帳戶，替他賣出GME。

波在生命中曾有多次對抗焦慮症的經驗，但時常是屈居下風的那一方。大二剛開學時，甚至得請假暫離學校，才能穩住身心，他仍清楚記得當時情況有多糟：心悸、失眠、頭痛、健忘。他現在只是輕微顫抖，當時嚴重到連滑動螢幕，瀏覽華爾街賭場板都沒辦法。兩年前，大學壓力和社交焦慮壓垮了他，這是多數大學生常有的擔憂，不過由於某些人格小缺陷、腦部化學不平衡或童年創傷（波猜測父親罹癌可能是影響因素），情況可能急速惡化。有時他的情緒狀態很像小時候風靡一時的飛行模擬遊戲；機身一旦開始旋轉，就很難在墜落前穩住機翼。

但是現在不一樣，因為焦慮感並非來自艱辛困頓、社交困難、個人創傷或事情出錯，他之所以焦躁不安，是因為事情進展太順利了。

波上一次查看GME股價是中午，當時價格在每股三百八十美元附近盤旋，也就是說當時他帳戶裡的遊戲驛站股票總價已經超過十三萬美元。

對他這個年紀的人來說，這是很驚人的財富。他用買課本的錢滾出一筆能改變人生的資金，此時他應該在公寓大樓外的泳池邊跳舞，把日本電子流行音樂的音量開到最大。其實，他原本已經準備好慶祝一番，伊藤香奈子的歌曲蓄勢待發，不過就在那時候收到父親的簡訊，得知對方前一天在股價達到一百美元時，就把一千股全數賣出。

理性與感性的內心拉鋸

心情恢復平靜後，波或許可以理解父親的做法其實合情合理。父親以每股十七美元左右的價格買進股份，買進價格和他差不多，成本是一萬七千美元，賣出後進帳十萬美元。這是很驚人的成績，任何投資者都會對六倍報酬感到滿意。但對波來說，這才不是什麼獲利了結的謹慎決策，他視為背叛，不只背叛他，還背棄了整場運動。他已經盡量向父親解釋：他們正在對抗華爾街，而要獲得真正的勝利，唯一方法就是抱緊手中的股票。鑽石手一旦開始鬆動，整場運動就會開始傾頽、崩塌。

父親顯然不懂，對他來說，這就只是股票交易，他們很幸運賭贏了，而獲利了結的時機到了。此外，波害怕父親可能會連他的股份都一起賣出。如果父親認為波在做蠢事、失去控制，可能就會介入。波在大二休學時，父親就接管他的銀行帳戶，因為他當時無法處理房租、學貸、學費等事務，這代表父親顯然有辦法再次接手。

波大腦中的理性部分知道，自己只是偏執多疑。他收到父親的簡訊後就立刻打電話，要求父親給個交代。父親表示是在看CNBC頻道時賣出股票，節目裡的訪談讓他以為梅爾文資本的空頭部位已經完全回補，因此軋空應該很快就會落幕。波幾乎要向父親大吼，華爾街賭場板上無人相信對方已全數回補，賣空量仍是天文數字，梅爾文資本回補所需的金額同樣高得驚人。這是一場戰爭，就連CNBC都被當作武器。

父親太早脫手，少賺好幾十萬美元，還顯露出自己的軟弱，屈服退讓，把自己的股份交給空頭機構，幫助對方免於破產。

波一掛上電話就覺得過意不去，他說了很多激烈的言詞，從未這樣對父親說話，他也知道父親後悔賣出，至少惋惜晚賣一天可以多賺的錢。此外，父親也對自己違背諾言的事道歉了，他買進股票時曾答應，只要兒子不賣，自己也不會賣出。但波還是很難壓下怒氣和擔憂，戰爭會遮蔽你的視線，即便這場戰爭多半是自己想像出來的。

波闔上筆記型電腦，爬上樓梯，走向好友卡爾的公寓。他和社交泡泡在下午有一場讀書會，他已經遲到了，剛剛盯著寄給父親的郵件內容，對於穩住機翼、安全降落毫無幫助。

不過波在腦海中擬定一項計畫：參加讀書會，這段時間盡量不要查看股價，也不要想著GME。今天早上，他撤下之前掛的限價賣單，把賣價設在渺茫、瘋狂的五千美元，現在的目標是抱緊股票一整年。

波那天地毯式瀏覽華爾街賭場板，在眾多貼文中，不只一次停留在DFV的最新YOLO更新。DFV的帳戶已經成為傳奇，以前一天一月二十六日的收盤價計算，他的股份和選擇權總價達兩千兩百萬美元。波估算，今天此刻DFV的帳戶總額已接近五千萬美元。一筆龐大財富，但是DFV也不打算賣出。

如果DFV不賣，他也不會賣。

心理壓力逐漸對生活造成影響

「好，我們從向量（1，0，1）開始，然後加上……波？你有跟上嗎？」

兩個小時後，波盤腿坐在小型客廳內的長毛地毯上，聽到自己的名字抬起頭，正好看到墨西哥玉米脆片迎面飛旋而來，正中眉心，彈落到地毯上，掉在一大疊線性代數課本前。正對面的卡爾身材瘦高，靠坐在大型懶骨頭上，現在正笑得和白痴一樣，手邊就是一碗可食用的三角形投擲物，女友喬西則坐在旁邊，穿著一件花卉洋裝，以一月來說有點不合時宜，不過倒是讓他們的公寓變得明亮，因為其他所有家具幾乎都是深淺不一的灰色，包括懶骨頭、地毯、牆邊的兩張沙發、通往陽台玻璃拉門的窗簾。

波不知道朋友為什麼那麼喜愛陰暗的顏色，兩人是他認識的人裡，數一數二活潑、友善的人，總是充滿活力，而且明顯相愛，打算共度一生。除了卡爾在高中練的摔角外，兩人每天也會做瑜伽，熱愛所有健身相關活動。他們的臥室和衣櫥擺滿健身器材，例如瑜伽墊、瑜伽球、啞鈴、彈力帶，任何可以讓你更強壯、纖瘦、緊緻的器材，應有盡有。不過這間四樓公寓中唯一的一抹顏色來自喬西的洋裝，再來就是卡爾墨西哥玉米脆片彈藥旁的那碗自製莎莎醬。

就連坐在喬西左邊稍小懶骨頭上的麥可，也穿著成套的深色連帽衫和運動褲，雖然其實不是灰色，但深綠色也算是黯淡的顏色。不過話說回來，麥可和陰鬱的顏色很搭，雖然波與這位滿頭亂髮、一臉鬍渣的數學及心理學雙主修學生已經成為好友，但是老實說，對方的個性就和卡爾正在求解的線性代數習題一樣沉悶。

儘管波也不確定那題線性代數題目到底有多無聊，不過拿家具擺設來比喻的話，線性代數整體就好像這些深淺不一的灰色，其中實在選不出比較有趣的題目。波主修數學，就連他都覺得線性代數很無聊，不過此時卡爾就算拿出機械超級機器人的團體照，他也一樣心不在焉。

看到朋友臉上擔心的表情，波發現自己錯了，原本以為可以撐過讀書會，不被別人發現自己心神不寧。讀書會開始前，波含糊應付一陣閒聊後，就再也沒有發言，偶爾插話時也完全搞錯數學題目，犯下麥可在睡夢中也不會出的錯。

不只讀書會這樣，波已經一連好幾天無心課業，所有統計學作業都遲交，甚至翹掉兩堂Zoom心理學課。期末考的腳步近了，他的進度越來越落後，他知道自己即將面臨大麻煩。如果這種情況繼續，如果心理狀態繼續惡化，就會被當掉……

隱板的不祥預兆

「你們有關注遊戲驛站的消息嗎？」

這句話立刻喚起波的注意力，他瞪大眼睛，在卡爾慶祝自己投擲墨西哥玉米脆片正中紅心時，麥可已拿出手機，閱讀新聞標題來打發時間。

「顯然馬斯克昨晚發布遊戲驛站的相關推文，這群人就樂瘋了。我是說，遊戲驛站耶？現在市值居然漲到兩百五十億美元，幾乎和克萊斯勒（Chrysler）一樣了。全都是Reddit板起的頭。」

波想開口說些什麼，後來又阻止自己。麥可會知道遊戲驛站的事並不稀奇，因為任何人只要有看電視、讀報紙、上推特，都會知道遊戲驛站的新聞。遊戲驛站已經成為街談巷議的話題，就連深夜談話節目的主持獨白也談到遊戲驛站。但是對波來說，一切都感覺好奇異，他的兩個世界相撞了。

不過，一切都感覺好不真實：因為離奇的黑天鵝疫情而組成的新冠肺炎三人社交泡泡，正談論著另一起同樣反常的黑天鵝事件……

麥可補充道：「但是我覺得事情就要落幕了，而且場面一定不好看。」

「你是什麼意思？」波脫口而出。

喬西和卡爾望向波，可能是因為波的語氣很衝，不過波還是直直盯著麥可，而麥可的視線仍未離開自己的手機。

「他們剛關閉 Discord 的華爾街賭場板伺服器，把他們完全踢出，我覺得是永久的。」

「什麼？」波感覺臉頰開始發燙，「誰關的？」

麥可聳聳肩。

「這裡說 Discord 公司因為仇恨言論而關板。」

「仇恨言論？」喬西問道：「仇恨的對象是誰？」

「『我們的信任與安全團隊已關注華爾街賭場板伺服器好一段時間，因為該板偶發出現違反社群規範的內容，包括仇恨言論、美化暴力行為、散播不實資訊。』時機太湊巧了吧！『今天我們決定自 Discord 移除該伺服器及其擁有者……』」

波說：「這太扯了，他們可以這樣嗎？為什麼偏偏選在現在？」

麥可說：「不只這樣，看起來華爾街賭場板也隱板了。這裡說網站會暫時隱板，不開放給新使用者。」

「為什麼？」波說，急忙從口袋中拿出手機。

「他們說有太多人同時上板，昨天一天好像就有三百萬名新使用者……」

波著急地瀏覽網站，幾乎沒在聽，他還能進板，因為他不是新會員，但麥可說的沒錯，華爾街賭場板暫時隱板了。

麥可說：「看起來很可疑。」

麥可的嘴角微微上揚，但是波完全看不出有什麼好笑的。Discord被關板，華爾街賭場板又受限……

「Discord因為粗鄙用語而被關閉，在現在這個時間點？」麥可說：「正好是股價飆漲的時候？為什麼一週前或是一個月前不處理？再加上華爾街賭場板隱板？我不覺得這是巧合，比較像是先發制人。」

波看向他。

卡爾說：「其實這是很常見的策略，在戰爭中，你要摧毀敵方的通訊系統，他們無法彼此交流，就無法組織動員，這時候再發動真正的攻擊。」

波站起身，不發一語，筆直地往門口走去。其他人看著他，然後喬西跟了上來。

「你還好嗎？要不要聊一聊？」

波不知道該說什麼。Discord 被關板，華爾街賭場板隱板，他原本不相信陰謀論，但是這個時機實在太可疑了。確實，Discord 收到「仇恨言論」的投訴好一陣子了；的確，華爾街賭場板從開板以來就充斥各種粗鄙用語；沒錯，有一大堆人（數以百萬計）的新成員加入，不過 Reddit 本來就是規模龐大的網站，有上千萬名使用者，華爾街賭場板怎麼可能無法應付幾百萬個新帳號？這是更大規模壓制行動的前奏嗎？這是否預言整個華爾街賭場板的關閉？

這真的是有權有勢的華爾街基金公司動的手腳嗎？它們想要藉此澆熄軋空行情？這真的是先發制人的手段嗎？

華爾街的確勢力龐大，梅爾文資本和 Citadel 這種公司可以動用的資金多達數十億美元。波和其他做多者渺小又脆弱，和梅爾文資本相比簡直有如螻蟻。不過他們有上百萬人，形成不折不扣的螞蟻大軍，只要團結在一起，也能搬動泰山。

但要是他們無法溝通、無法團結……如果這真的是先發制人的行動怎麼辦？如果你是華爾街，已經發動第一波攻擊，接下來會怎麼做？波不用自己想，卡爾剛剛已經說了：

> 這時候就要發動真正的攻擊。
> 猛烈攻擊。

第二十二章
突如其來的交易限制

二〇二一年一月二十八日

清晨五點多。

泰內夫突然被一陣訊息通知聲驚醒，放在床頭桌上的手機不停震動、螢幕閃爍，筆記型電腦連續收到一封封電子郵件，發狂似地叮叮作響；他寬敞的加州住家距離羅賓漢的門洛帕克辦公室不遠，開車、騎車或溜滑板都只有短短一段路，在他住家的某處，市話可能也在鈴鈴作響。

泰內夫揉揉眼睛，驅逐殘留的一絲睡意。他不記得作夢的內容，想當然和普及金融服務、打造公平的競爭環境有關，甚至可能是關於再生能源、乾淨飲用水、最低維生工資，夢裡也很可能有貓，甚至是遊戲驛站，因為他前一晚入睡時，所到之處的所有人都在談論遊戲驛站。

他在床上翻個身，伸手拿起手機，希望能在吵醒妻子和幼兒前平息電子聲響。他期許自己盡量撥出上午幾個小時的時間，陪伴剛剛成立不久的家庭，不過經營一家迅速成長的公司，意味著他無法完全切斷外界的干擾。假如他從羅賓漢的迅速興起學到什麼道理，就是狗屁倒灶之事惡化的速度迅雷不及掩耳，你一閉上眼睛，絕對想不到再次張開時，事態會演變成什麼模樣。

即便如此，手機螢幕上閃過的這些訊息（還是奧蘭多傳來的）仍讓他大感意外。泰內夫還沒有意會過來，就已跳下床，跑過地毯，衝向電腦。

迅速掃視訊息和電子郵件後，泰內夫打開Google Hangouts，一群高層員工已在聊天室裡等他，包括奧蘭多的史瓦特沃特，還有其他幾位結算、交易和法務部門的高階主管。史瓦特沃特負責主導會議，不僅因為他具有專業背景，了解現在的情況，也因為他已經處理這個燙手山芋好幾個小時了。

史瓦特沃特在三個多小時前，也就是東岸時間清晨五點五十分，接到來自財政部門主管的第一通電話，這通電話撥打的時機本身就很不尋常。美國集中保管結算公司為聯邦管轄機關，負責監管羅賓漢和所有散戶交易的兩日結算程序，其子部門美國證券結算公司（National Securities Clearing Corporation, NSCC）會在東岸時間每天早上五點十一分通知羅賓漢當天應繳交的保證金，而史瓦特沃特平常會在早上五點三十分聽取財政部門主管的簡報。當今天早上電話延遲二十分鐘時，史瓦特沃特就猜想是否出了什麼差錯，卻沒預料到會是這麼難以想像的事，以致於團隊額外花費好些時間確實是否真是這個數字，還是軟體出了差錯。

他們花了二十分鐘到處打電話，確認結算機構傳來的數字是否正確，不過史瓦特沃特聽到這個數字後，還是要求他們再確認一次。然後又親自打電話，和他在美國證券結算公司的聯絡窗口通話，一再確認數字無誤後，才通知門洛帕克總部。

驚人的天價保證金

泰內夫盯著電腦螢幕上的數字，不禁搖頭。

三十七億美元。

Hangouts 聊天室裡，某人說出每個人心中的想法：「這不可能。」

不過他們已經一再確認這個數字。一夜之間，美國證券結算公司就要求羅賓漢繳交三十七億美元作為證券商帳戶經手交易的保證金。

泰內夫試圖讓自己恢復冷靜，思索這個數字的意義，想搞清楚美國證券結算公司到底怎麼會提出那麼誇張的數字。雖然花費不少心力，但是他現在已經相當了解結算的基本原理：顧客透過羅賓漢，以特定價格買進股票（如遊戲驛站）時，這筆買單會先傳送到羅賓漢的內部結算部門，接著再彙整交易，送交造市商。之後交易會提交給結算機構，負責監督交易交割之前的流程。

在交割前，交易本身必須「投保」，以免任何環節出差錯，例如系統性崩潰或任一方違約，不過在現實受到監管的市場中，發生這類事情的機率微乎其微。顧客買進股票的款項會暫時存放在不可動用的保險庫裡，結算機構須驗證兩天後買賣雙方能否履約，因此證券商羅賓漢必須提交一筆金額（由公司自行支付，不能動用向顧客扣款的金額），為這筆交易投保，保證交易的價值。這份「擔保」的金融術語，稱為風險值（Value at Risk, VAR）。

以普通資產的單純交易來說，證券商須繳交的保證金相對容易計算，因為出錯的風險很低，總價值也很容易計算。如果GME的交易價格是每股四百美元，一位顧客想要買進十股，交易的風險就價值四千美元，再加上或扣除交割前兩天內市場細微波動所造成的些微費用。在這種單純的情況下，結算機構可能會要求羅賓漢在顧客的四千美元券款外（仍存放於保險庫中），再提交四千多美元的保證金。

交易情況若是出現其他影響因素，保證金的計算就會變得更複雜。單一交易的風險低，但是如果乘以數百萬筆交易，風險特性就會出現變化。股價和交易量波動越大，買賣風險也都會升高。當然，美國證券結算公司並非手動計算保證金額，而是利用精密的演算法分析各項交易條件，包括證券種類、交易量、波動幅度、交易在證券商整體投資組合的位置等，計算出「足以保證」交易無虞的金額。

這個程序完全自動化進行，證券商持續透過聯邦結算系統進行交易活動，盤中交易時間，系統每十五分鐘會提供保證金更新通知。交易日開市前，結算機構會在東岸時間早上五點十一分傳來保證金金額，這時身在奧蘭多的史瓦特沃特通常剛喝完咖啡。羅賓漢必須在當天上午十點前滿足保證金要求，否則就會有違約風險，可能導致所有營運立刻中斷。

通常保證金金額與交易的實際「支出」金額密切相關，假如一家證券商的某支股票買賣數量相近，整體風險就會降低。雖然波動已是常態，尤其是過去五年來波動更劇烈，但是即便交割期長達兩日，市場還是有一定信心，信任買賣雙方能如實履約成交。

過去一週以來，即便所謂的「爆紅」股票（主要是GME）交易量驚人，羅賓漢必須繳交的保證金大幅提高，但都還在可理解範圍內。一月二十五日，當天開盤前的保證金是一億兩千五百萬美元；一月二十六日，隨著遊戲驛站股票交易量竄升，股價飆破天際，羅賓漢的保證金金額提高到兩億九千一百萬美元，這個數字相當驚人，他們從未看過這麼大的保證金數字，但還在可以掌控的程度。就連馬斯克發布推文，立刻推升交易量和股價，之後羅賓漢須繳交給美國證券結算公司的保證金，還稍微下降到兩億八千兩百萬美元。

現在泰內夫眼前的數字，比起二十四小時前整整多了一位數：三十七億美元。金額之高，令人咋舌。

在兩難困境中尋求解套

美國證券結算公司一傳來這個數字，史瓦特沃特收拾好震驚的心情後，就開始研究美國證券結算公司究竟怎麼得出這個驚人的數字。他和結算機構的聯絡窗口通電話，對方說明這個金額分為兩個部分，美國證券結算公司的演算法採納前一天交易量與波動幅度等風險因子，計算出風險值是十三億美元，然後再加上額外二十二億多美元的「超額資本附加費用」（excess capital premium charge）。之所以會加上這筆額外費用，是因為原本的風險值遠遠超出羅賓漢的資本淨額；也就是說，原本要求的金額就已經高出羅賓漢手邊的現金，這種情況導致加乘效應，產生一筆額外費用，以應付羅賓漢無法履約的風險。當下羅賓漢存放在美國證券結算公司的保證金將近七億美元，還差了三十億美元之多。

由於散戶交易量創下史無前例的新高，而且幾乎一面倒都是買方，他們無法靠賣出量抵銷部分風險，因此理性上，泰內夫可以理解美國證券結算公司的電腦何以計算出如此龐大的保證金數字。此外，遊戲驛站本身就是風險相當高的股票，由於賣空量龐大，整體風險更是呈指數型成長。

即便如此，泰內夫從未看過，也不曾想像會出現這種情況。與過去相比，美國證券結算公司之前曾向羅賓漢要求的特殊費用，最高約是兩千五百萬美元，現在要求十三億美元的風險值，還要加上一筆二十二億美元的額外附加費。

史瓦特沃特確認數字無誤，確實得繳交這筆費用，而且必須在上午十點前存入，於是現在問題變成：我們能怎麼辦？

無論其他人事後怎麼想、怎麼說、發表什麼內容，或在推特、Reddit或Clubhouse上如何大聲嚷嚷，最重要的是，泰內夫相信首要任務是對羅賓漢的使用者負責，因此認為唯一被排除的選項就是不繳交足額保證金，因為公司可能因此被迫停止交易，代表使用者將無法買賣任何股票，不只限於遊戲驛站。

此外，另一個選項就是設法降低保證金金額，至少降到羅賓漢手頭現金和信用額度可以支付的範圍。羅賓漢剩下不到五小時的時間，根本不可能在此時限內籌到三十億美元。

但是，這不代表情況已經毫無轉圜的餘地。

過去幾天，泰內夫和其他人一樣見證遊戲驛站的戲劇性演變，不管別人事後怎麼說，他覺得自己在精神層次上和這些散戶站在一起。他創立羅賓漢，不是為了避險基金或華爾街專業人士，而是為了讓一般人能與避險基金及華爾街專業人士相抗衡。而他也達成這個目標，羅賓漢據報有兩千萬名使用者，平均年齡介於二十八至三十一歲之間，平均帳戶金額為三千五百美元。就連同是線上券商的億創，使用者的平均帳戶金額也有十萬美元，羅賓漢與之呈現明顯對比。羅賓漢的客群是一般人，窩在客廳或宿舍沙發上，在坐墊夾層摸索隔夜披薩、遺失的鑰匙和現金，用這筆錢投資所愛的股票，像是遊戲驛站。

限制買進爆紅股票

億萬富翁暨電視明星馬克．庫班（Mark Cuban）在前一天發布貼文：**我得說，我愛死#華爾街賭場板正在上演的戲碼。這些年來，高頻交易員總搶先散戶，不過現在資訊速度和密度及散戶交易給了這些小人物一些優勢。就連我十一歲的小孩也會看板做交易賺錢。**泰內夫幾乎要和他一起歡呼慶賀。泰內夫並不認識在Reddit上自稱為DFV的業餘交易員，對方靠著自己謹慎研究遊戲驛站這家公司賺進財富，而DFV這類成功故事正是羅賓漢成立的宗旨。

經過內部痛苦萬分地搜索枯腸，與美國證券結算公司聯絡窗口來回討論，泰內夫及其團隊終於得出唯一可行的辦法——他們必須降低風險特性，進而拉低令人咋舌的高額保證金要求。為了達到這個目的，必須限制幾支股票的交易；更明確地說，羅賓漢使用者將暫時無法買進造成這一切混亂情況的遊戲驛站等十三支爆紅股票。

這並不是容易的決定，但完全合法。羅賓漢有權以任何原因限制任何股票的交易，而且由於這一週市場的變化，其他證券商也會被迫採取類似做法。此外，限制買進某支股票，並未禁止賣出，羅賓漢不覺得使用者會因此蒙受損失。因為使用者仍然可以賣出遊戲驛站，只是不能買；不准使用者買進某支很可能已經接近高點的股票，怎麼可能害他們虧錢？

限制使用者買進某支股票，似乎是完美的解決方法，美國證券結算公司可在演算法中輸入新條件，立刻降低交易當日的風險特性。這個解決方法相當簡單，事實上，只要按下泰內夫面前羅賓漢儀表板上的按鈕，就能立刻限制股票買進，同時馬上自動發送電子郵件通知使用者。這雖然是不得已的例外措施，卻可以在幾分鐘內解決這個難題。

這也正是接下來的發展：羅賓漢做出限制買進遊戲驛站的決定後，美國證券結算公司傳回更新的保證金要求，完全免除二十二億美元的超額資本附加費用後，計算的保證金淨額總計約十四億美元。羅賓漢原本就存有近七億美元的保證金，立刻補足剩下的七億多美元，滿足當天的保證金要求。

泰內夫向後靠坐，思索這個決定的後果，但是可能對接下來可能的發展不以為意。限制兩千萬名使用者在這個時間點買進遊戲驛站，當然會造成後果，但是如果羅賓漢被迫停止營運，讓這兩千萬名使用者無法賣出遊戲驛站，尤其是假使股價開始崩跌，豈不是更糟？

羅賓漢滿足保證金要求。你可以對用字吹毛求疵，但羅賓漢採取的措施是為了符合法規要求，而不是因為「流動性」不足；羅賓漢的流動性很足夠。高額的保證金要求和融資、槓桿或選擇權無關，因為該公司從這一週開始就已經陸續限制這些操作。這個情況並不是「流動性」不足造成的，不過記者總愛用「抓到你的把柄」的語氣加以指責。你不能責怪羅賓漢，T＋二日結算導致的波動不是它的錯，引發三十七億美元費用的黑天鵝事件更不能算到它頭上。

你當然也不能責怪泰內夫，不該光憑一連串時機非常湊巧的事件，就捏造毫無根據的瘋狂陰謀論，因為這些事件其實都是合理的發展。

由於華爾街賭場板上的散戶集中火力，大量買進遊戲驛站，梅爾文資本的空頭部位慘遭軋空，同時也造成交易量和價格的巨大波動。而一大部分散戶正是透過羅賓漢這家證券商買進遊戲驛站股票，但是因為波動程度大，羅賓漢面臨鉅額保證金要求，被迫暫時限制使用者買進遊戲驛站。

沒錯，你可以主張，這項措施會抑制遊戲驛站股價上漲，造成軋空行情洩氣，讓避險基金有機會低價回補。

也沒錯，Citadel「湊巧」經手羅賓漢的大部分交易，而且透過訂單流付款的機制，「湊巧」是羅賓漢的主要利潤來源，現在更「湊巧」伸出援手（「不是紓困」），與柯恩共同挹注二十七億五千萬美元，幫助空頭部位受害最深的梅爾文資本脫離岌岌可危的財務狀況，因此與梅爾文資本存在財務利害關係。

「機率更低、更湊巧的是」，一切都發生在Discord和華爾街賭場板上的遊戲驛站鼓譟被暫時噤聲之後。

不過從泰內夫的角度來看，一切都只是間接推測，純屬巧合。使用者可能不太滿意，但是不管他們怎麼想，無論多麼湊巧、陰謀論者多麼信誓旦旦，但羅賓漢的做法其實是為了他們好。

泰內夫往後的任務，不是為陰謀論或機率極低的巧合再三辯解，而是確保這種事不再發生。

第三部

什麼是出場策略？

——吉爾

第二十三章
戛然而止的多頭行情

二〇二一年一月二十八日

收盤前三分鐘。

麻薩諸塞州威明頓。

維護顧客知的權利，度過市場波動

羅賓漢的使命是為所有人普及金融服務。我們打造為普通人服務的平台，不論其背景，幫助他們改變財務未來，鼓勵長期投資，我們引以為豪。

我們會持續監督市場，並做出必要調整。有鑑於近來的波動，我們將限制特定股票的交易，目前僅能了結部位，受限股票包括AMC、BB、BBBY、EXPR、GME、KOSS、NAKD及NOK。我們也將提高特定股票的融資門檻……

吉爾不確定自己怎麼會躺在地下室地板上盯著天花板，思緒如狂暴的龍捲風般轉動，這是他經歷最瘋狂的一個交易日，也許是華爾街史上數一數二瘋狂的一天也說不定，因此躺在地板上撐過收盤前最後幾分鐘，似乎是很合適的選擇。

吉爾仍然無法清楚解釋今天目睹的發展，知道不只有自己如此，他不是唯一一個。桌上其中一個螢幕開著華爾街賭場板，看板現已全面恢復開放，如今占滿板面的是如火山噴發般的怒火、陰謀論和絕望情緒；多數文章是關於羅賓漢，吉爾今早快速瀏覽網站看到的一則推文可以總結主旨，推文者也是一位YouTube創作者，推特帳號是@OMGitsBirdman：

名為「羅賓漢」的應用程式劫貧濟富，你們彌補不了這個錯誤。

吉爾看過羅賓漢的公告文章，也收到該公司的電子郵件通知，所有擁有羅賓漢帳戶的使用者都同時接到通知。雖然大概只是自動寄出大規模群組信件，但吉爾覺得這封信彷彿在針對自己。

我們將限制特定股票的交易……

吉爾覺得對方不必拐彎抹角，事實就是羅賓漢的數百萬名顧客無法再透過應用程式買進遊戲驛站，以及另外近十支爆紅股票，基本上，梅爾文資本和一幫華爾街好夥伴做空，並且急於回補的股票都被限制交易。

而且不只羅賓漢限制買進遊戲驛站，許多其他線上證券商，如億創、盈透（Interactive Brokers）、微牛（Webull）、德美利（TD Ameritrade）及嘉信都各自施加不同程度的限制，一大共通點就是，這些限制都針對同一群投資者，也就是窩在地下室沙發上的一般散戶，先前大力買進遊戲驛站的族群，現在都不能再購買遊戲驛站。

身為一家證券商，我們必須符合眾多財務規範，包括證交會的資本淨額規定與結算機構保證金。部分規定會隨著市場波動而調整，在目前的環境中可能成為極高門檻。這些規定的存在目的是保護投資人及市場……

對Reddit板和推特使用者來說，羅賓漢透過網站與電子郵件發布的聲明非常可疑，雖然試圖把這項限制描述為冷靜、不帶情緒、完全合情合理的措施，但在外人看來簡直就是試圖澆熄當下軋空行情的手段。只有散戶被阻擋在外，只有遊戲驛站的買方受到限制，機構還是可以繼續回補，而且現在能以較受控制的方式進行。少了數百萬Reddit鄉民的買壓，雖然空頭機構持續回補，但股價仍持續下跌。

券商踩剎車澆熄軋空行情，股價一落千丈

吉爾看著一切在眼前活生生上演。盤前股價一度跨越五百美元大關，超過華爾街賭場板瘋傳一千美元目標價的一半，而且勢不可擋。接著羅賓漢踩下剎車，軋空行情立刻洩氣，股價開始驟跌，跌幅超過四〇％，開盤價是每股兩百六十五美元。開盤後，股價有如雲霄飛車，一度跌到一百一十二．二五美元，之後再緩慢爬升到一百九十三．六美元的收盤價。如果你沒把握能否將軋空行情崩潰的矛頭指向羅賓漢等線上證券商，只要看看每日交易量就能確定。買方被有

效壓制後，股票交易量跌落到前一天的一半；比起當週週一和週二，交易量約下滑三分之二。

羅賓漢和其他證券商表示，他們很快就會鬆綁限制；羅賓漢表示公司已經達到「保證金要求」，因此即將有限度恢復購買。不過限制仍然存在，羅賓漢的使用者能購買的股份數量高度受限，一度最多只能購買一股，彷彿這家公司在所不惜，想要一舉澆熄軋空行情。

吉爾在地下室的小房間裡，眼睜睜看著一切上演，帶著一絲抽離的奇異感覺。他很難想像自己也參與這場混戰，更別說是帶頭者。他傾向把自己想成無辜的旁觀者，他不是第一個，也不是唯一一個購買遊戲驛站股票的人，不過有人可能會說他的號召如同雪球般越滾越大，引發一場運動。他認為自己不過是透過 YouTube 直播影片和華爾街賭場板貼文教育大家，一直保持坦率，從未建議任何人做任何事，也一再強調大家應該自己做功課，而且市場本來就帶有風險。

老天，吉爾真是低估自己的影響力了。現在他即將發布 YOLO 更新，即便閉上眼睛，也能看到單日虧損的紅字。以昨日收盤價計算，他的帳戶總額超過四千四百萬美元，單日上揚超過兩千萬美元，今天盤前更飆破新高，來到五千多萬美元，之後羅賓漢一出手，吉爾就在幾分鐘內損失將近一半的金額。到現在他還沒回過神，更新文章顯示交易帳戶總額目前約為三千三百萬美元，也就是說他在一天內損失近一千五百萬美元。

一千五百萬美元就這麼消失得無影無蹤，彷彿強風中的一縷輕煙。不過吉爾還是坐擁巨大財富，這筆錢不只能改變他的人生，甚至可以澤及子孫，只要管理得當，兒孫輩也能過著寬裕的生活。他能一圓兒時夢想：在家鄉布羅克頓蓋一座室內田徑場。

吉爾知道華爾街賭場板上，有很多人的損失比他更加慘重，畢竟很少人以每股五美元的價格買進遊戲驛站，絕大多數都是在軋空行情開始起飛後才進場，甚至有許多人買在高點附近，而現在他們面臨虧損，這種情況不公平至極。

就連華爾街賭場板官方也在推特上表達對事件轉折的不滿，當天早上華爾街賭場板管理員推文表示：

> 個人投資者無法透過 @RobinhoodApp 進行交易，
>
> 在此同時，避險基金和機構投資人可以繼續照常交易。
>
> 哪門子市場竟會犧牲散戶投資人買進股票的權利來拯救空頭機構？

差別待遇讓沸騰怒火延燒至社群之外

而且怒火顯然已經擴散到華爾街賭場板社群之外，快速燒遍主流媒體。各個社群媒體平台大聲抨擊二〇〇八年金融危機再度上演——華爾街獲得紓困，有權有勢的大機構踐踏小老百姓。多虧社群媒體，現在這些小老百姓有發聲的機會，也獲得聲援，不只是 YouTube 名人或特立獨行的億萬富翁，就連高階政府官員也同仇敵愾。

新聞網站 Vice 的科技主題電子報 *Motherboard*，對此在推特上發文，民主黨眾議院議員亞莉珊卓雅．歐加修—寇蒂茲（Alexandria Ocasio-Cortez）也轉推，並表示自己的看法：

> 無法接受這種情況。@Robinhoodapp 阻擋散戶投資人購買股票，同時避險基金卻能自由交易，我們現在必須進一步了解這項決策背後的原因。身為金融服務委員會的成員，如有必要，我贊成舉辦聽證會。

她的推文獲得共和黨參議員泰德．克魯茲（Ted Cruz）罕見的贊同：**我完全同意**。

CNBC 頻道上，上屆總統候選人暨麻薩諸塞州參議員伊莉莎白．華倫（Elizabeth Warren）抨擊證交會無所作為：「證交會應該對市場操縱設有明確規範，而且要有落實這些規定的骨氣。」

眾議院金融服務委員會（House Committee on Financial Services）主席瑪克辛・華特斯（Maxine Waters），更進一步要求針對這起事件舉辦聽證會。國會聽證會！這意味著什麼？吉爾在報紙上讀過國會聽證會，也在新聞和網路上看過片段報導。重要人士在律師的陪同下坐在長桌旁，輪流回答國內位高權重者拋出的一個個問題。他們要怎麼針對現正發生的事件舉辦聽證會？他們要找誰來做證？羅賓漢？這是一定的，也許還有梅爾文資本？還有誰？Reddit板上帳號buttplug59的大學生？庫班的十一歲兒子？留著鯔魚頭、綁著頭巾，在YouTube上直播的男子？

現在很難想像這樣的聽證會能達到什麼目的，如果目標是概括當下情況的不公不義，以及因此迸發的憤怒，也許直接花幾分鐘追蹤媒體平台Barstool Sports創辦人波特尼的推特推文就能掌握狀況。波特尼持續以為Reddit華爾街賭場板群眾發聲為己任，當天下午發布一連串新影片。他在影片中身穿白色T恤，對著鏡頭語無倫次的樣子彷彿剛逃出精神病院，在影片開頭就明確表達身為GME股東之一的立場：

「華爾街所有涉及今日罪行的人都該被關起來。」

之後話更是說得越來越重：

「他們欺騙我們這些透過羅賓漢和億創帳戶投資的一般人，偷拐搶騙，無所不用其極……避險基金玩輸了、億萬富翁玩輸了，所以我們不讓你們交易某幾支股票。我們關閉權限，你們不能再買這些股票，只能賣出。我們要壓低這些股票的股價，好讓避險基金的億萬富翁好友脫身、安全下莊……這是史上最扯、最駭人聽聞的搶劫案件，在光天化日下發生……就在面前直接把槍塞到我們嘴裡……羅賓漢、騙子，關起來！葛里芬，關起來！大都會隊（Mets）老闆柯恩，關起來！」

「他們搶你！他們偷你的錢！這是犯罪行為。」

甚囂塵上的陰謀論，鑽石手越來越難堅守陣線

波特尼的怒罵獲得現實世界的回應。當天稍晚，柯恩就對被指名為壞人之一表示不滿，約莫下午兩點，透過推特回應道：

嗨！波特尼，你對我有什麼不滿？我只是在討生活，就和你一樣。我很樂意見面私下談。

不過波特尼毫無退讓的打算，他迅速反擊，因此推文中充滿錯字。

我才不私下談，見不得人的鳥事都是私下發生的。你拉梅耳文一把，因為它是你和Citadel的徒弟。我認為你涉入今天罪案的嫌疑重大，犧牲一般人來拯救避險基金。你敢明白否認嗎？

柯恩的回覆則是以恰當、謹慎的文字寫成，表達他的失望：

你在說什麼？我明確否認你的指控。我和今天發生的事毫無關係。順帶一提，如果我想要投資某人，只要符合我的投資者利益，我完全有權這麼做。你冷靜一點。

到了下午三點十三分，波特尼稍微恢復冷靜，但是還不打算放過柯恩或任何人：

對了，我完全不相信@stevenacohen2說的話，但是我沒有證據。不過根據我的經驗，無風不起浪，事出必有因。

吉爾知道，波特尼說出華爾街賭場板所有人的心聲。波特尼投入GME的資金比多數鄉民更多，不過數百萬板友都一同見證股價下跌，所有人的情緒都和他一樣沸騰。「我會虧損兩百萬美元，但是我不賣。我會吞下這兩百萬美元的虧損，就像吞下一片蛋糕。我不賣，因為這些他媽的混帳就是希望我們脫手，我才不幹。我寧願破產……」

這就是鑽石手的口號，不過吉爾比任何人都清楚，當他們發現敵方似乎只要按下按鈕就能改變規則，堅守陣線變得越來越困難。吉爾不像波特尼那麼偏激，沒有指控柯恩或Citadel是羅賓漢決策背後的操縱者，但這不代表波特尼是唯一一個指出事有蹊蹺的人。怒吼震天價響，陰謀論滿天飛，Citadel不得不透過CNBC頻道，澄清自身行事完全合法：

「Citadel證券並未指示或以其他任何方式，致使任何證券商停止、暫停或限制交易，或以其他方式停止營業。Citadel證券持續專注於為客戶提供流動性，度過任何市場情況。」

然而，該公司的說法完全無法安撫見證這場市場亂象的人，也沒有回答大家的問題：為什麼散戶無法購買GME，但梅爾文資本那類避險基金卻可以？雖然羅賓漢在電子郵件和網站文章中保持冷靜客觀的語氣，但絕不可能隨便做出這項決策。該公司的商譽受到無法估量的損傷，已經有成千上萬使用者透過蘋果、Google等各個應用程式商店抨擊這家公司，灌進大量一星評論，更多人揚言清空帳戶，投靠其他證券商。

而且抵制聲浪不限於羅賓漢使用者的評論、留言和推文，據CNET報導，有人已向紐約南區法院提起告訴，更多人揚言或準備提告。許多人希望羅賓漢為限制遊戲驛站的交易付出沉重代價，大家想知道，該公司純粹是因為全國性結算機構的保證金要求而出此下策嗎？還是真有什麼見不得人的勾當？

吉爾躺在地下室地板上，這些問題令他頭暈目眩。他愛上一支股票，而現在億萬富翁、網紅、美國眾議員和參議員，為了同一支股票透過網路隔空交火。他希望遠離一切混戰，保持思緒純粹清明，專注於超值投資，不過波特尼等人提出的問題，在他的腦海中揮之不去：為什麼巧合總是對那些有權有勢的人有利？

在此同時，吉爾下定決心要堅持到底。遊戲驛站一股五美元時，他就愛上這支股票，當時沒有人願意聆聽；現在一股近兩百美元，他仍然一往情深。

羅賓漢不可能永遠壓抑買方，Citadel、梅爾文資本和柯恩有錢有權，有昂貴的西裝與華爾街辦公室；吉爾牆上有一張貓咪海報，頭上綁著一條頭巾。

儘管吉爾即將發布的YOLO更新中，數字後面跟著好多個零，但是他原本一無所有。當你原本就一無所有，也沒有什麼好損失的。

第二十四章
節節敗退的小蝦米

二〇二一年一月二十九日

一天後，南方七百英里處。

悶悶的敲門聲已經持續五分多鐘，波才終於從書桌上抬起頭。收盤後，開始玩《命運石之門》的牧瀨紅莉栖結局之前，有時他會趴在書桌上休息。《命運石之門》是《科學ＡＤＶ》系列視覺小說遊戲中，他最喜歡的一部作品，已經玩過好多次，即便對話完全是日文，但波很有把握，就算還沒完全了解劇情，至少也懂得八成。不過現在生動的漫畫和微妙的劇情轉折（主題多半是關於時間的相對性、創傷造成的解離、看似微不足道的行為，對未來可能造成的危險影響），也無法再讓他打起精神，經歷華爾街近期歷史最瘋狂的一週，度過最瘋狂一天收盤前最後狂亂的幾分鐘後，壓力導致的心理耗弱終於擊垮他。

波的頭距離書桌只有幾英寸，儘管緊閉雙眼，但交易帳戶的畫面仍浮現在眼前（漫畫遊戲早已拋諸腦後），筆記型電腦視窗中顯示的正是他的帳戶。GME剛收在每股三百二十五美元，從當日四百一十三．九八美元的高點滑落，不過仍比昨天羅賓漢剛限制買進時上漲不少。根據商業新聞的報導，羅賓漢正在籌措一筆令人瞠目結舌的三十四億資金，以便因應未來任何保證金問題。雖然現在大部分的限制都已取消，但是股價離五百美元大關還有一段距離，儘管如此，波的帳戶中仍有令人驚嘆的六位數獲利。

波應該跳上跳下、做健美體操、隨著日本流行音樂舞動身體，不過他現在連睜開眼睛都很吃力。他不耐煩地望向公寓門口，敲門聲越來越響。

波大喊：「走開。」不過門外的人似乎更堅決。看到這樣的反應，波就知道到底是誰在打擾他的自主隱居生活，

這也代表波別無選擇。嘉士柏不肯離去，不是把門敲破，就是等波妥協，為他開門。

波嘆了一口氣，從書桌旁起身，繞過成堆的待洗衣物、外送餐盒和塑膠袋、開特力（Gatorade）運動飲料寶特瓶、礦泉水瓶及汽水罐，垃圾與雜物幾乎占滿他和門口之間的地面。

門才半開，嘉士柏就鑽了進來，手上提著兩袋沉重的生活用品。他把購物袋放在沙發上，沙發上還放著兩個空披薩盒，環顧波雜亂的公寓。

「我很喜歡你的布置，等不及看到你登上室內裝潢雜誌封面。」

波關上門，好希望弟弟是在門外，而不是門內。

「嘉士柏，你想怎樣？」

「看看你好不好。」

「爸爸叫你來的嗎？」

嘉士柏搖搖頭，把購物袋稍微往旁邊挪，空出位置坐下。

「不是，是卡爾傳簡訊給我，他說你錯過昨晚的讀書會，麥可還說你昨天和今天都沒去上課。」

波揉揉眼睛。他一直不理會朋友的簡訊和電子郵件，早該想到他們可能會去找嘉士柏。波只知道，他們曾來公寓查看他的狀況；他一整天都把音樂開得很大聲。

「而且我注意到從上週起，車子就沒有移動，代表你連新冠肺炎檢測也沒去。」

波暗自咒罵，他完全忘了這回事。波和嘉士柏共用一輛車，就停在他公寓兩個路口外的停車場。停車場車位不是固定的，而且來去的車輛很多，也就是除非你完全沒用車，否則不可能總是停在同一個車位上。嘉士柏當然會注意到這種事，這孩子的心思像檔案櫃一樣有條不紊。

看嘉士柏環顧公寓的樣子，心裡必定在估算波有多久沒出門、叫了幾次外送、錯過幾堂Zoom課程。波很了解嘉士柏，知道他已經看到書桌上成堆的課本，這疊書從上週起就放在相同的位置。書本並未翻開，因為他這幾天來根本沒做功課。

來自親友的出脫持股忠告

一次又一次，波告訴自己不要再關注遊戲驛站、不要再瀏覽華爾街賭場板，反正他已經決定要抱著股票一整年，每天的股價波動都可以忽略。不過每當他想把注意力集中在其他事（比方說習題），視線就會不由自主地移向手機或筆記型電腦，在自己意識到前，又打開華爾街賭場板或羅賓漢帳戶。

馬斯克發出「遊戲驛站發大財！！」的推文時，波正盯著螢幕，也看到盤後股價竄升到天際。十三個小時後，他仍然掛在線上，當時盤前交易價格接近每股五百美元，他的帳戶總額達到十七萬五千美元。當羅賓漢發出公告文章時，一切亂成一團，波更是離不開華爾街賭場板，不停瀏覽留言。

一天之後，股價勉強爬升回來，但是軋空氣勢無疑受到阻撓。波不知道股價能否再次站穩腳步、空頭部位還剩下多少、買方鑽石手能否再次推升股價，只知道他再也無心其他事物，就連最愛的動畫也比不上ＧＭＥ的戲碼。

嘉士柏說：「至少我知道你不是在為女孩傷神。」一邊小心翼翼地挪開沙發上的一片披薩，「所以你到底是怎麼了？」

波看向筆記型電腦，嘉士柏順著他的視線看去。雖然動畫仍是螢幕上最顯眼的圖案，不過從房間另一頭也看得到他的交易帳戶和華爾街賭場板視窗。

「老天，你還沒賣啊？我早就叫你賣了。」

「對，二十塊的時候你就催我賣了，三十塊的時候又再催一次，然後是一百塊的時候，爸爸就賣掉了。」

「所以現在一股多少？」

波走向書桌，「收在三百二十五美元附近。」

嘉士柏愣了一下。

「我的老天！」

嘉士柏從沙發上起身，跟在波後面，而波已經坐回書桌前的椅子上。

「我是說，他媽的你發大財了！除非你還是不賣。」

「我不賣。」

波的心跳加速，感覺自己握緊拳頭，他不想要語氣那麼衝，不知道自己為什麼那麼生氣。波知道弟弟只是出於擔心，不過嘉士柏不了解情況，他沒有日夜關注華爾街賭場板、呼喊口號、感受同袍情誼；他不了解波現在是社群的一分子，不僅如此，他們是一個大家族。

波看過一些賣出股票的人發布的文章，他們因為害怕、感覺被羅賓漢背叛，或是認為華爾街會找到方法作弊取勝，因此選擇獲利了結，波覺得這些人背棄他們，就像爸爸賣出股票一樣。他知道自己這麼想有失公允；他不認識這些人，他們可能經濟困頓，而靠股票賺的數百、數千、數萬美元可能是一筆大數字，但是他真的相信，現在還緊抱股票的人都有同舟共濟的決心。

波說：「只要我們團結一致，繼續抱緊股票，股價就會上升。」他的語氣現在冷靜多了。

「對，也許會，也許不會，也許會跌回四十美元，甚至是二十美元、十美元。我只知道，你繼續這樣，現在少數的幾個朋友也會離你而去，而且絕對會被退學。」

「你最挺我了。」波回嘴道。

嘉士柏笑了笑，然後搖搖頭。

「你可以假裝自己參與一場運動，加入某個你很重視的社群，也許真是這樣。但我了解你，波，這代表我知道結局會是如何。」

「你是什麼意思？」

「瓶蓋啊！」

從蒐集瓶蓋的兒時遊戲裡獲得的啟示

波回頭看著弟弟，嘉士柏正越過他的肩膀，隨意瀏覽華爾街賭場板。瓶蓋是他們在船上的共同回憶，當時只有彼此的陪伴，畢竟船上沒有其他小孩，他們發明許多遊戲和比賽來打發時間。

波不確定是誰先開始蒐集瓶蓋，不過這項活動馬上就發展成競賽，看誰能蒐集到最多、最稀有、最奇特的瓶蓋。每在一座島停留，兄弟倆就會跑在父母之前，巡遍大街小巷、水溝、人行道，搜尋這個小小的金屬圓蓋。

才不過幾週，兩人的收藏就已經為數驚人，塞滿母親的空鞋盒和父親閒置的工具箱，就連用來清洗甲板帆布的塑膠水桶裡也裝滿瓶蓋。他們一直維持約略平手的狀態，直到抵達巴哈馬群島後才拉開差距，他們在拿騷（Nassau）靠港，預計停留一個月。

上島第一天，波和弟弟就出發尋找更多的瓶蓋。在大太陽下走了一個小時，卻沒有任何收穫。

七歲和九歲的兩個小孩就這麼站在街上，這時候嘉士柏注意到他們身旁就是一家酒吧。這家酒吧看起來很破舊，窗邊有一塊啤酒圖案的霓虹招牌。波說應該回船上了，不過嘉士柏看了他一眼，就跑進酒吧裡。

波想跟上去，但他只是定在原地。也許他感到害怕，也許覺得弟弟只是浪費時間，嘉士柏只有七歲，而且身上沒帶錢。但是沒過多久，嘉士柏就跑出酒吧，臉上掛著大大的笑容，令波大感意外的是，弟弟手上拿著一瓶 Red Stripe 啤酒。嘉士柏不僅拿到致勝瓶蓋，還握著一瓶啤酒。

嘉士柏說：「聽著，我之前錯了，你是對的，軋空確實發生了，你也賺了十萬多美元。不過現在你就要輸掉賺來的每一分錢了，因為板上的鄉民註定會輸，我說這句話沒有惡意，但你們要對付的是一群鯊魚，他們註定會，每次都贏。股價現在正高，不過繼續抱著股票，就只是同歸於盡。」

波盯著弟弟，不發一語。

「你以為梅爾文資本會在乎什麼社群精神或『運動』嗎？你覺得 Citadel 會管你『這次換我們了』嗎？對方一逮到機會就會割開你們的喉嚨，踏著鮮血跳舞，然後頭也不回地離去。他們註定會贏，你們註定要輸。你現在有一手好牌，奉勸你見好就收。」

嘉士柏看了華爾街賭場板最後一眼，然後轉身朝著門口走去。波看著他離開，心裡想著梅爾文資本、Citadel 和瓶蓋。

弟弟走出門後，波獨自待在公寓裡，這時候他才意會到弟弟是對的。

幾經掙扎，還是決定獲利退場

四十八小時後，波又回到書桌前，不過這時候他是站著的，全身顫抖，盯著電腦鍵盤旁的手機螢幕。他的頭髮蓬亂，音樂聲開到最大。這一次播放的不是伊藤香奈子，而是 Zwei 樂團，比一般流行音樂更偏向電子搖滾，貝斯手 Megu 的彈奏與主唱 Ayumu 的歌聲完美結合，一波波樂音衝擊公寓的牆壁。他剛度過人生最漫長、最辛苦的一個週末，現在伴隨著音樂倒數，等待股市開盤。

決定賣出股票後，波就下定決心遠離電腦。從弟弟離開後，直到週五半夜，他都躺在沙發上，閉上眼睛，要自己想一些遊戲驛站以外的事。

週六，他繞著公寓大樓散步好幾圈；也花時間坐在湖邊，看著鳥兒在石灰色的天空中彼此追逐。他甚至拉了一張塑膠躺椅到泳池邊，穿著保暖衣物坐在那裡，吹著隆冬的冷風，希望沒有認識的人剛好經過，不過波知道，就算他們經過，大概也會躲得遠遠的。不只是因為大家在疫情下保持距離，波心裡很明白自己看起來就像瘋子，他也真的覺得自己快瘋了。

到了週六下午，儘管盡了最大的努力，但波終究還是回到電腦前。一如他的預料，華爾街賭場板上的內容主要是鑽石手在互相打氣，鼓勵彼此接下來一週也要繼續堅持。幾則貼文確實鼓舞人心，其中最鮮明生動的要屬帳號 SomeGuyInDeutschland 發布的高解析度影片，影片中是時代廣場上一塊大型廣告牌，上面寫著「GME 印鈔票」（$GME GO BRRR），下方則是類似羅賓漢介面的股票線圖，呈現一根代表大漲的長長綠棒。BRRR 代表印鈔機運轉的聲音，這是一個網路爆紅哏，這則貼文也快速成為華爾街賭場板上最熱門的文章，更登上 Reddit 熱門排行榜第二名。另一則貼文更加打動波，這則由帳號 Parliament 發布的貼文包含兩張圖片，圖片裡呈現《忍者龜》（*Teenage Mutant Ninja Turtles*）的角色。第一張圖中，忍者龜的齧齒類師父史林特（Master Splinter）站在中央，牽著好幾隻小烏龜；第二幅圖中，小烏龜已經長成壯碩的成龜，牽著年老虛弱的史林特。兩幅圖中的烏龜標示著「千禧世代」，史林特身上則標示著「遊戲驛站」。

波一眼就領會這張哏圖的意義，哏圖訴諸懷舊情懷，波小時候常央求父母帶他去遊戲驛站，他總是在店裡流連忘返，瀏覽遊戲盒背面的說明、遊玩展示機、閱讀遊戲雜誌，好幾小時一眨眼就過了。現在該是波回饋遊戲驛站的時候了，展現他的感激與愛護。

不過，真正說到波心聲的是由帳號 jeepers_sheepers 發布的影片，這支一分鐘長的影片擷取自動畫片《鐵巨人》（*The Iron Giant*），發文者自行在影片中加上字幕。在這段影片裡，鐵巨人飛到外太空，保護地球和小男孩免於導彈攻擊。不過加上字幕後，劇情變得稍有不同。小男孩代表的是持有遊戲驛站股票的一般人，他們抱得不緊，即將賣出；而鐵巨人則代表華爾街賭場板上的鑽石手；至於導彈，當然就是梅爾文資本。鐵巨人飛到空中，保護小男孩，在外太空引爆導彈，爆炸火光中寫著「破產」。

波一次又一次看著這支影片，感覺自己就像那個小男孩，而華爾街賭場板社群守護他撐過週一開市前這個難熬的週末。

波想要參與歷史，想和其他人一樣抱緊股票，雖然板友和他素昧平生，未來也不太可能相見，但他真心覺得如果賣出股票會讓這些人失望。不過弟弟說的對，波不是什麼鯊魚，不知道如何把握勝利，隨著時間過去，終究會把一手好牌打到輸。

而且波為自己辯解，華爾街賭場板上有許多鑽石手比他晚進場，買價可能是每股一百美元、兩百美元，甚至三百美元以上，他們的錨點和他不一樣。波在不到十七美元時就進場，你說要爭取最高獲利？他早就達到目標了。

而現在他要證明弟弟錯了，他這次要贏。

距離上午九點三十分的最後幾分鐘，波全心浸淫在電子搖滾樂裡，然後按下羅賓戶帳戶的「賣出」按鈕。

總共三百五十股，買進均價約為十七多美元，現在以每股三百一十四·二二美元全數賣出，進帳十萬九千九百七十七美元。

波後退一步，然後全身開始舞動，如同牽線木偶四肢一般的細長手臂和腿，隨著日本音樂揮舞、扭動，彷彿木偶的線繩被吊扇捲入。

他辦到了，高歌離席，波手舞足蹈。

他還要繼續跳下去，不過最後會打電話給弟弟告知這個消息，再打電話向父親道歉。

然後再多跳一些舞。

第二十五章

行情急轉直下的豬羊變色

三天後

鳳凰城天港機場（Phoenix Sky Harbor Airport）上空突然烏雲密布，風雨驟作，隨著達美航空（Delta Air Lines）空中巴士（Airbus）A220的窄體機身衝出雲層，坎貝爾感受到短暫的失重感。接著，隨著引擎加速運轉，坎貝爾又感覺背部緊貼在座椅上。銀色巨型膠囊般的機身穿過厚厚的雲層，飛進美麗晴朗的早晨藍天中。

坎貝爾透過左邊橢圓形的玻璃窗戶，看著雲層消失在身後，她戴著口罩，呼吸不是特別順暢，同時感覺心跳加快。對她來說，之前搭飛機從來不是問題，過去五年，這趟航程飛了十幾次，拜現代航空旅行之賜，旅程一直順暢無比。她通常會在早餐後離開鳳凰城，午餐前就回到醫院，回歸工作崗位。不過在新冠肺炎疫情爆發的這一年，過去的例行公事都變得奇異而陌生。

配戴口罩、在登機口檢查體溫，而且必須空出旁邊的座位——坎貝爾心想，至少這點比以前好多了，但她確定這一定是實施時間最短暫的規定，她看到有幾家航空公司已經開始出手維護寶貴的機上不動產。不過這項規定能執行那麼久，已經讓她大感意外，就算致命病毒當前，航空公司也不願見到利潤衰退，畢竟資本主義機器永遠需要燃料。

現在飛機已飛到雲層上方，坎貝爾轉頭，不再望向窗外。她的餐桌仍安全收合著，筆記型電腦放在前方座位下方的地板上，手機則在口袋裡。她忍住拿出手機的欲望，因為安全帶指示燈仍亮著，飛機仍在爬升，代表目前還沒有無線網路，而且現在距離開盤才剛過幾分鐘。

不過，坐困在地球上少數幾個沒有網路連線的地方還是很難受，尤其過去幾天那麼令人驚心動魄。羅賓漢暫停買進權限，對軋空行情潑了一桶冷水，就連亂流都不足以形容這幾天的經歷。她只知道，等到這班從鳳凰城出發的班機飛到巡航高度後，她原本衝向月球的股票火箭很可能變成像太空實驗室（Skylab）一樣墜毀地球，在所在位置三萬英尺下方的沙漠中留下撞擊坑。

驚奇之旅變調，避險基金奪回掌控權

一月二十八日，羅賓漢踩下剎車，限制買進遊戲驛站，當時股價接近每股五百美元的高點，那天坎貝爾正要出發飛往鳳凰城。當天早上，坎貝爾幾乎要取消旅程，雖然她從近一年前就期待飛到鳳凰城拜訪好友安琪。

羅賓漢採取限制措施前的那幾天，彷彿一場驚人的美夢。坎貝爾看著帳戶金額從五千美元增加到五萬美元，全部的報酬都來自她以一千六百美元買進的一百股遊戲驛站股票。

七天前的那個週四，股票盤前交易價格來到五百美元，彷彿沒有任何事物能阻擋漲勢，她曾向欽威說明的軋空正如火如荼地進行，每股一千美元的目標價似乎不再只是幻想。坎貝爾想到，她不只能幫布萊恩裝牙套，還可能付清房貸，甚至是買一輛新車，一切彷彿充滿希望。

多數醫院同事都為坎貝爾感到高興，有幾個年輕女生甚至跟著她進場，買在一股兩、三百美元的價位；一位夜班護理師得知坎貝爾的好運後，週三也進場買了兩股，單價超過三百四十美元。以她們的薪水來說，這筆投資的風險很高，不過話說回來，精神病院的護理師又多常有大賺一筆的機會？

在朋友中，只有欽威仍然保持懷疑態度，表示自己只是比較務實。

欽威只要在休息室碰到坎貝爾，都會說：「歌利亞巨人才剛要出手。」

坎貝爾每次都叫欽威放鬆一點，不過週三晚上，欽威最終還是說服坎貝爾掛上賣單，賣出五股，即便股價在羅賓漢的操作後慘跌，這五股的收益仍稍微高出當初的投資總額，之後坎貝爾抱著剩下的九十五股，坐上接下來的雲霄飛車。

二十八日，坎貝爾出發前往機場時，真心相信等到抵達鳳凰城，她就是有錢人了。

飛機向左彎，接著拉直。安全帶指示燈在「叮」的一聲後熄滅，接著是機長語調輕柔的廣播，向乘客保證這將是一趟平順的航程，很快就會抵達加州。機艙異常安靜，也許是口罩的關係，也許是共同的緊張情緒所致。大家搭乘飛機總有些不自在，不過比起俯衝墜毀的可能性，現在似乎更害怕密閉機艙裡四處飄散的隱形病菌。

坎貝爾兩者都不怕，因為她已經接種疫苗，而墜機？她早就經歷過了。雖然起初看到羅賓漢的公告和華爾街賭場板的反應時，她還很有信心，不過現在這趟GME驚奇之旅，整個感覺都不一樣了。

坎貝爾剛得知羅賓漢限制買進時，沒有細想可能的後果。沒錯，賣壓的確緩解軋空力道，但她一直以為這只是暫時的。瀏覽華爾街賭場板，她感覺社群有毅力挺過難關。只要有人提到賣出股票，就會遭到尖酸的嘲諷；同儕壓力與民族故事的共同認知，吸引數百萬新成員加入華爾街賭場板和遊戲驛站的行列，火箭應該繼續直衝天際。

那時，坎貝爾還維持謹慎的樂觀態度。一月二十九日週五，股價依然強勢，收盤價是三百二十五美元。二月一日週一，開盤依究來勢洶洶，開盤價稍微高於三百一十六美元，接著就急轉直下。

當天收盤時，股價已跌落到兩百二十五美元，之後兩天更是有如自由落體一般。坎貝爾離開鳳凰城的那天上午，股價只稍高於九十一美元。雖然還是比十六美元的買進價格高出不少，但是與羅賓漢按下暫停鍵前的五百美元高點相比，現在股價不到當時的二〇%。

賣出、加碼或續抱，令人無所適從

股價從三百美元跌到一百美元時，坎貝爾開始生氣了。欽威總說她最愛陰謀論，不過起初她其實沒有這麼想，因為不敢相信羅賓漢決策背後如果真有什麼見不得人的事，還敢這麼明目張膽，在光天化日、眾目睽睽之下採取這項措施。不過越瀏覽華爾街賭場板，把Discord及華爾街賭場板的暫時癱瘓和羅賓漢的限制令串連在一起，坎貝爾就越生氣，也越相信這是一場精心規劃的攻擊。

無論如何，可以確定的是坎貝爾的度假週好心情全毀了。從安琪到機場接機的那一刻起，她就開始抱怨遊戲驛站的事，而且整整七天沒完沒了。坎貝爾來到鳳凰城，其實是為了參加她和安琪努力申請加入的慈善團體美國革命女兒會就任派對，不過這只是讓她的心情更差。當GME股價節節攀升時，坎貝爾幻想自己大方開出支票，支持愛國行為，例如資助女性退伍軍人，或是開設推廣美國憲法的教育課程。不過有鑑於她近日目睹的一連串事件，越來越相信公正與公平的競爭環境再次走上回頭路，而她認為這些特質正是美國愛國主義的核心精神，因此深感失望。

安琪一直是最忠實的支持者，坎貝爾參與遊戲驛站這場盛事，她一直為坎貝爾感到驕傲，但是到了那週尾聲，連她都勸坎貝爾趕快賣出，落袋為安。不過不知怎麼的，坎貝爾就是不肯賣，即便股價持續跌落，那天早晨，她還是無法說服自己拋售GME。

安琪送她到機場，坎貝爾通過安檢和額外的新冠肺炎檢查後，她在登機門附近打電話給職場丈夫欽威，因為就和真實的夫妻一樣，他們每次登機和下機後都會打給彼此報平安。

讓坎貝爾意外的是，欽威沒有馬上搬出歌利亞巨人和大衛的高談闊論，不過電話另一頭的沉默，反而令她覺得自己更愚蠢。坎貝爾站在鳳凰城天港機場，衣領上仍驕傲地別著美國革命女兒會的別針，心想她應該更有自知之明。

「我真是白痴。」她對著電話說：「欽威，沒關係，你可以罵我。」

電話另一端停頓了一會兒。

「我不覺得妳是白痴，妳是真心想要相信，我以妳為榮。」

坎貝爾沒料到欽威的話會讓她這麼激動，畢竟他們在談論遊戲驛站，一家電玩公司。

過了一會兒，坎貝爾問：「我該賣嗎？」

欽威笑道：「我無法叫妳做什麼，沒有人說得動妳。」

坎貝爾現在坐在距離地面沙漠三萬英尺高的機艙中，等待連上無線網路，她想著欽威的話。欽威說得沒錯，從來沒有人說得動她，這大概也是她人生一團糟的原因。人們、體制、社會，一切都一再令她失望，不過即便如此，她還是抱持信念向前衝。

她的世界也許從來都不公平，生活可能總是一團糟，不過她很喜歡這樣。

事實上，當無線網路終於連上時，坎貝爾不確定自己要留、要賣，還是再多買一些。

第二十六章
曇花一現的魔咒

二〇二一年二月十五日

一週後。

凌晨兩點。

雪花片片飄下，莫拉雷絲站在租賃公寓大樓前碎石車道的尾端，把丈夫的滑雪外套披在肩上，盡量拉緊，以便蓋住日漸隆起的腹部。她的外套都穿不下了，雖然這幾週都在亞馬遜瀏覽孕婦裝，但是遲遲不願下手。花錢購買暫時性的東西好像不太對，不過仔細一想，不只是懷孕，此刻的生活不也都是暫時的嗎？而且暫時的定義什麼時候擴大到九個月、一年了？

莫拉雷絲打了個冷顫，把手伸進丈夫外套的口袋裡。她的右手手指摸到手機，但並沒有在寒風中拿出來，這是好幾天來，莫拉雷絲第一次成功抗拒手機螢幕的吸引力。不只因為現在已是週六深夜（嚴格來說，應該是週日凌晨），股市早已收盤，就連擁有數百萬名新使用者的華爾街賭場板也變得沉寂，對她來說，真正的原因是令人著迷的魔咒已經破除了。

不像華爾街賭場板上的許多人，莫拉雷絲從未真正相信那些幻想或白日夢，雖然只持有少少的十股，卻一直務實、理智地看待自己的交易。她只是讓自己懷抱希望，畢竟看著股價一飛沖天，在當下的激情裡，很難不身陷其中。不過當現實席捲而來，當權者再次重掌權力，莫拉雷絲多年來熟悉的情緒迅速回歸：失望、接受現實、咬牙繼續過日子。她還沒有賣出自己的股份，心想自己大概永遠不會賣出。

她低頭看著雙腳，腳下的碎石車道已被雪覆蓋。雖然只下了幾個小時的雪，不過積雪已變得厚重，積成雪堆，由於她步出大門時並未關燈，因此在柔和的燈光中，階梯前這些雪堆好似沙丘一般。她輕鬆就在這個時間點起床，而且沒有吵醒丈夫。在孕期中，她越來越擅長做這件事。莫拉雷絲猜想，孕期失眠大概也是演化的奧妙之一，讓她的身體能為嬰兒出生後的夜半啼哭做好準備，不過今夜她不太在意。

帶領新生命來到世界上必經的失眠，只是美好事物的現實面。就像情人節那天的暴風雪，破壞他們開車到艾默斯湖（Emmons Lake），並在車上野餐的計畫。

不過暴風雪一點也沒有破壞他們的興致，雖然無法野餐，但是丈夫親自下廚，甚至開了一瓶酒慶祝，不過因為莫拉雷絲懷孕的關係，他只能自飲。一切仍然浪漫、美好而有趣，即便是現在站在車道上看著雪花飄落，莫拉雷絲想到昨晚還是不禁微笑。

莫拉雷絲的手仍然摸著手機，即便雪花飄落到頭髮、臉頰和後頸皮膚上，仍然阻擋不了體內的暖意。

她持有的十股遊戲驛站股票，現在只有買入價格的六分之一，但這仍是她的股份。如果極不可能出現的瘋狂軋空真的結束了，如果那一刻真的只是曇花一現，如同身邊旋轉飄落的雪花，或是她身體現在的懷孕狀態，或是他們目前的人生樣貌，又有什麼差別？

她搖搖頭，沿著積雪的車道走回前門階梯。

即使是莫拉雷絲這麼務實的人，在雪夜中也很難清晰思考，不過她知道等風雪離去，視野再度澄明，事情將會有所不同。

第二十七章

國會聽證會展開調查

二〇二一年二月十八日

中午。

普洛特金盯著電腦鏡頭，等待煙霧消散，想像臉龐一一出現，背景可能是位於東岸至西岸各州、各城市的辦公室、住家或別館。由位高權重者組成的遼闊蛛網，因為直播而齊聚一堂。媒體稱這場視訊直播的主要目的是進行調查，不過就普洛特金看來，這群人更像是威廉・莎士比亞（William Shakespeare）筆下的希臘戲劇合唱團，直截了當的目的就是進行審判。

諷刺的是，普洛特金職涯最低潮的一刻，很可能也是他人生中極為痛苦的一段時日，居然要以網路公開直播作結，永遠留下印記，任何人只要連上網路都能觀看。在職涯中，普洛特金極力避免留下任何公開紀錄；不像某些同業或前老闆，他從不追求知名度，也絕不主動公開挑起事端。才幾個月前，除了業內人士外，幾乎無人認識他。

不過現在普洛特金即將首次登上世界舞台，向坐困家中、如狼似虎的觀眾解釋，金融史上發生速度最快又最慘重的一次虧損。普洛特金試圖以體育界的座右銘安撫自己：跌倒之後重新振作是人格的證明，也能區分實力與僥倖；但他的心情還是很難不受此次重摔影響，現在這次挫敗將被公諸於世，必須向國會委員會解釋事發經過，不過就連他自己都還在思索究竟是哪一步出了大錯。

普洛特金盯著螢幕，身體僵硬。當然，畫面上其實並沒有煙霧，只是珍珠灰色的模糊畫素，當畫面終於變得清晰時，出現在正中央的是眾議院金融服務委員會主席華特斯。華特斯的背景是刺眼的白色牆面，除了一面美國國旗和相框外，別無他物，相框中的圖案正好被她的頭部擋住。議員一臉嚴肅，宣讀今天的聽證會主題：

「遊戲終站？賣空者、社群媒體和散戶投資者衝突中的贏家與輸家。」

接著，便直接進入主題：

「近來的市場波動，讓全國開始注意到華爾街機構的制度性操作，也引發相關討論，談到科技與社群媒體在市場中扮演的角色有何變動。這些事件讓我們看見潛在的利益衝突，以及特定基金公司的掠奪性操作，也顯現社群媒體對市場的巨大影響力。這些事件也引發交易遊戲化的問題，以及散戶交易者可能受到的傷害……」

華特斯的話語重重壓在普洛特金肩膀上，有些人可能會覺得這樣的批評有失公允，梅爾文資本做空遊戲驛站才不是什麼掠奪操作，而是單純、毫無爭議的股票策略。遊戲驛站是一家負債累累的實體賣場連鎖公司，而且對未來拿不出務實計畫，普洛特金壓根沒想到自己會需要為做空這家公司的決策辯解。

華特斯繼續說道：「許多美國人覺得體制一面倒對他們不利，而且無論如何，華爾街總會獲得勝利。在這一次事件中，許多散戶投資者交易的動機似乎是以其人之道，還治其人之身，想要藉此扳倒華爾街。此外，由於許多散戶投資者因為系統波動蒙受損失，進一步印證許多人心中系統被操縱的看法……」

要不是普洛特金哪裡也不能去，否則還沒輪到他作證，可能早就憤而關掉直播了。他的背景是一面灰色調牆壁，牆上有一扇拉上百葉窗的窗戶，右邊則是一台惠普（Hewlett-Packard）印表機，彷彿是在梅爾文資本一間閒置的備品儲藏室裡進行直播。散戶投資者因為系統波動蒙受損失？如果華爾街賭場板的暴民蒙受損失，他們怨不得別人，到底是誰造成系統波動的？

如果系統真的受到操縱，而對 Reddit 鄉民不利，普洛特金怎麼會在短短幾天內損失報載的六十億美元？

操縱股價的質疑聲浪

但是普洛特金別無選擇，只能保持沉默，繼續聆聽，直到輪到他關閉靜音，開始發言為止。終於被點名發言時，一開始出現一陣短暫的停頓，普洛特金睜大雙眼，彷彿因為面對這奇異的一刻而突然感到一陣暈眩，他必須在國會堪稱最有權力的委員會面前作證，更別說還有數百萬人同時觀看；觀看國會直播居然成為打發週四下午的合理活動，這大概是史上頭一遭。

普洛特金首先感謝委員會讓他有機會公開發言，接著就直接切入核心議題——羅賓漢對GME買方所設的限制，他說：「首先我想澄清，梅爾文資本與交易平台的決策絕無任何關聯。事實上，梅爾文資本在這些平台設下限制前好幾天，就已經結清遊戲驛站的所有部位，我們和大家一樣，也是從新聞報導才得知這些限制……」

應該沒有必要說得更明白，因為如果梅爾文資本早就結清空頭部位，羅賓漢限制買進遊戲驛站就對它毫無幫助。假如普洛特金事先知道羅賓漢和其他證券商會採取這樣的措施，他怎麼不多等一天，避免數十億美元的虧損？到底誰才是受害者？

普洛特金繼續說道：「與許多報導相左的是，梅爾文資本並未接受『紓困』……Citadel主動聯繫我們，希望成為新的投資者……」

Citadel突然覺得入股一家虧損半數資本的避險基金公司是一門好投資，這難道是普洛特金的錯嗎？

普洛特金補充解釋道：「這是Citadel『逢低買進』的機會。不可否認地，梅爾文資本經歷一段艱難的時期……但是我們並未尋求金援……」

普洛特金為自己辯護，試圖戳破過去兩週來社群媒體羅織的陰謀論述。為梅爾文資本辯解的同時，他發現自己也必須捍衛華爾街最具爭議性的手法——賣空。

「當我們的研究顯示，某家公司不符預期，股價被高估時，我們可能會『賣空』該公司的股票……當市場失靈時，我們有義務保護投資人的資金。」

以GME來說，做空該公司的理由非常站得住腳。

「針對遊戲驛站，早在近期事件前，我們的觀點就有研究背書。事實上，自六年前梅爾文資本成立以來，我們就開始做空遊戲驛站，因為從以前到現在，我們堅信該公司的商業模式……」

不過普洛特金知道，對大部分觀眾來說，他的說明只是對牛彈琴，他們對金融教育沒興趣，只想找一個可以究責的對象。在聽證會過程中，只有幾位國會調查員針對他提問，畢竟還有其他更美味的目標，而蒙大拿州國會議員布萊恩．路克邁爾（Blaine Luetkemeyer）說出許多人心中的疑問：

「據我了解，遊戲驛站股份被賣空一四〇％……普洛特金先生，你在證詞中提到並未試圖操縱股價……不過如果你賣空一四〇％的股份……外人看來，你就是在操縱股價……請說明這為何不算是操縱股價？」

不過議員的箭靶不是普洛特金，而是整個體制。

普洛特金回答道：「我不能替其他賣空者辯解，不過以我們來說，如果要賣空股票，都一定會找到融券的券源，其實系統就會要求我們融券，我們一定是在符合所有規定的情況下賣空股票……」

就賣空方看來，做多才是操縱股價的那一方。普洛特金賣空這檔股票，是因為他相信這家公司正在走下坡，其他人加入賣空的行列，是因為他們也抱持同樣的看法，以至於許多股份被借入賣出超過一次，顯然股價應該持續下跌。不過股價沒有下跌，反而逆勢上揚，背後的原因還不清楚，一群組織鬆散的外行散戶真的能發動軋空嗎？還是有其他尚未曝光、更深層的操作？

如果委員會真的想知道普洛特金的策略是哪裡出錯，就應該調查買方才對，賣空是合情合理的策略。

市場會自我修正，體制將調整適應

聽證會進行三小時四十分鐘後，佛羅里達州國會議員艾爾・勞森（Al Lawson）才終於問到關於買方的問題。外界的說法是，業餘投資者顛倒市場，害普洛特金虧損數十億美元，不過這怎麼可能呢？普洛特金這樣的人一生都是贏家，他知道勝利不是一時的，而是一種習慣，怎麼會被一位窩在地下室的男子擊敗？

自從普洛特金結清空頭部位後，每天都問自己這個問題，現在他第一次能試著回答，因為在整場煎熬中，隔著蛛網般的視訊螢幕，這是他第一次與這位留著鯔魚頭、綁著頭巾的業餘投資者面對面，就是這個人幾乎摧毀他的基金公司。

雖然普洛特金盡力想要吞下痛苦，但是他的情緒都顯露在眉眼上方的深深皺紋中，回答道：「我認為他們看到推升股價的機會，今天在社群媒體和其他管道的推波助瀾下，他們能夠集體推升股價。這是一項風險因子，我們也是直到最近才發現這一點……他們抓住賣空量高的機會……」

普洛特金說話的同時，體內的火花點燃了。他原先倒在地上，負傷流血，不過他沒有放棄，一句接著一句，他似乎掙扎爬起，先是跪立，接著緩慢、堅強地站起身。

「我們和梅爾文資本會調整適應，我認為整個產業都必須調整適應……」

議員勞森繼續問道：業界需要怎麼做，才能防止這類事件再次發生？此時普洛特金已經邁出步伐，抖落鞋子上的泥土。他是一位鬥士，已經爬起來，再次戴上手套，就像喬丹在罕見落敗的隔天，再次步入球場，準備好大顯身手。

「我認為在某種程度上，市場會自我修正。往後，我認為股票不太會再次出現如同今年稍早這麼高的賣空量。我認為包括我在內的投資人，都不希望暴露在這種風險中。我認為業界會更加密切監督各大留言板……我們的資料科學團隊將會關注這一塊……無論各位議員制定什麼法規，我們當然都會遵守。」

即便隔著螢幕，普洛特金的轉變仍明顯可見；前一分鐘，他還只是暈頭轉向的落難者，不過馬上就重拾職業運動員慣有的風範。該是承認虧損、繼續前進的時候，因為未來還有無數勝利等著他。

如同普洛特金所言，市場會自我修正，體制會調整適應。那位地下室的陌生人曾經擊敗普洛特金，不過現在他不再隱匿在黑暗中，他代表的威脅如同眼前螢幕的畫素一樣清晰，不可能再次擊倒普洛特金。

從新創金童淪為千夫所指的責難對象

「將近八年前，我和巴特成立羅賓漢。我們當時相信，金融體系的建立應該為所有人服務，而不只是特定少數人，我們現在依然如此相信。」

泰內夫身後是一列矮架，疊著幾本像是聖經的書，另一邊擺著三個花瓶、器皿或甕之類的東西，看起來很古老；他的坐姿端正，態度從容，對著「網路」蒼穹訴說「真相」。

「我們夢想讓大家都能從事投資，尤其是手邊資金不多的人們。」

泰內夫的話語蘊含「信徒」的熱情，不在乎這段布道的聽眾是五十幾位立法者，還是數百萬名家中的觀眾。

泰內夫繼續說道：「股市是強大的財富製造工具，不過近半數美國家庭……」

泰內夫的話第一次被打斷時，所有人都看出他驚訝的神情，此時主席插話道：「泰內夫先生，我希望你利用有限的時間直接說明一月二十八日發生的事，和你在事件中扮演的角色。」

一開始，泰內夫顯得有些遲疑，不過他撐了過去，迅速標舉羅賓漢的傳奇故事和宗旨。

「我們建立羅賓漢是希望向所有美國人敞開金融市場，賦予他們理財工具。我出生於保加利亞，該國的金融體制瀕臨崩潰邊緣。我在五歲時與家人移民到美國，尋求更好的生活。」

泰內夫逐漸重拾氣勢，談到普及金融服務，談到平台提供的教育資源與碎股投資、股息再投資、定期定額服務，談到顧客透過平台穩定購入績優股和指數股票型基金（Exchange Traded Fund, ETF），讓帳戶總價值「比投資淨額多出三百五十億美元」。

泰內夫補充說道：「我們的商業模式為美國民眾服務。」但是他要打造的標準再崇高，傳奇故事宣揚的理念再高尚，不過一會兒就會發現，剛才的打岔只是第一槍；聽證會進行才十分鐘，向他射來的箭又快又猛，猶如暴雨一般。

喬治亞州國會議員大衛．史考特（David Scott）問道：「你難道看不出這裡的某個環節出了大錯，而你身處事件核心？」

加州國會議員璜．瓦爾加斯（Juan Vargas）則表示：「羅賓漢是十三、十四世紀英國民間故事裡的英雄，他劫富濟貧，而你的所作所為正好相反。這裡的情況是，你從小散戶手中偷取財富，然後奉送給大型機構投資者。」

眾位國會議員從各個角度切入，以不同措辭要詢問的同一個問題是：訂單流付款的機制究竟是否合法？

詢問這個問題的人正是制定相關法規的立法者，這是他們建立的制度，現在泰內夫卻成為眾矢之的。顯然泰內夫在這裡扮演的角色不單純是證人，國會議員對待他的態度有別於對待普洛特金，他們把泰內夫當成標靶。喬裝成問句的指控夾雜著政治高調與真實的怒火拋向泰內夫，這些指控全都來自一月二十八日以來社群媒體上紛起的陰謀論。

紐約州國會議員歐加修─寇蒂茲在聽證會進行五小時零八分時，總結前述攻訐：

「泰內夫先生，羅賓漢曾有運作中斷、設計瑕疵的紀錄，而最近的事件似乎起因於貴公司未能妥善管理內部風險。你之前試圖責怪結算機構害你們必須在幾天內，匆忙籌措三十四億美元……不過有鑑於羅賓漢的不良紀錄，有沒有可能問題並非來自結算機構……而是純粹出於你們未能妥善管理帳務？」

從這裡，歐加修─寇蒂茲又把問題轉向訂單流付款，強調這種機制出現利益衝突的可能性極高。此外，羅賓漢透過這種手法賺取利潤，才得以提供免佣金交易，這是否代表「透過羅賓漢進行的交易其實並非免費？」

雖然處於防守方，但泰內夫起初還是盡可能拿出沉著、從容的態度，回答一連串帶有指控意味的問題。他談到一月二十八日前幾天的事件有多反常、離奇；當天早上，他被訊息驚醒後，得知保證金金額是三天前的十倍之多；他們限制買進GME的措施經過多麼嚴肅的討論，如果限制顧客賣出股票，情況絕對更糟，因為如果顧客需要用錢，就無法賣出股票兌現。

讓華爾街交易變成遊戲的始作俑者

不過到了聽證會尾聲，泰內夫的儀態顯得難受，西裝外套和領帶微亂，臉頰發紅。

當泰內夫終於開始回應歐加修—寇蒂茲節節進逼的詰問時，神色明顯心煩意亂：「沒錯，議員女士，羅賓漢是一家營利公司……」在聽證會其他段落中，當問題無可避免地提及羅賓漢這款容易上手的應用程式，是否將股票買賣「遊戲化」時，他只能兩手一攤，說道：「各位，我很抱歉發生這樣的事，我鄭重道歉，羅賓漢未能盡善盡美……」此時他的神色不再從容，而是勉力求生。

不過，他表示這是機率三百五十萬分之一的事件，「資本市場從未見過這種事。」

泰內夫不認為這和遊戲化有任何關係，國會議員以遊戲化來指責他，彷彿這是什麼罪大惡極的罪行，諷刺的是，整起事件正是起因於一幫散戶試圖拉抬遊戲驛站的股價，而這家公司之所以存在，就是因為美國大眾熱愛電玩遊戲。

雖然泰內夫並沒有親口說出，但是如果有人將華爾街交易變成一場遊戲，非美國人民莫屬，正是選出這些國會議員的民眾，他們為了打倒華爾街而買進遊戲驛站股票。

到頭來，一切回歸一個問題：這種事會不會再度上演？羅賓漢已備妥更高額的準備金，泰內夫確信即便再次發生，公司也能妥善應對。不過就算如此，泰內夫可能覺得這個問題不該問他，因為雖然羅賓漢應用程式時髦、酷炫又令人上癮，但他終究只是中間人。

身為中間人，當事情出差錯時，必然被夾在中間，受雙方指責；但如果華爾街交易真的變成一場遊戲，倘若股市真是一場大型電玩遊戲，羅賓漢其實只是主機。

梅爾文資本、普洛特金等避險基金公司，以及窩在地下室綁著頭巾的散戶，他們才是玩家。如果電玩遊戲故障，軟體突然出錯，你不能怪主機，當然也不能怪玩家。要怪就怪遊戲設計者，或是有權在遊戲進行中更改程式碼的那個人。

各方推諉，軋空成因眾說紛紜

「我想鄭重澄清，本公司與羅賓漢限制遊戲驛站交易的決策毫無任何關係……我是在羅賓漢宣布實施交易限制後，才得知這件事……」

葛里芬的語調平靜而謹慎，直盯著鏡頭，鮮少眨眼，彷彿眨眼的動作不是必要的身體機能，可以全由他自主控制。面對位高權重的國會委員會，葛里芬就算不完全覺得自在，看起來卻仍相當有自信。他的語調透露當天有很多重要的事要忙，今天之所以出席是因為無法推辭，會回答議員的任何問題，但是同樣的話不會再說一次。

「零售業股票交易狂熱的那段時期，Citadel 證券在每個交易日的每一分鐘都持續確保流動性。當其他業者無法或不願處理龐大的流量時，Citadel 證券接下重擔。一月二十七日週三，我們替散戶成交七十四億股股票。那天 Citadel 證券替散戶成交的股票數量，超過二〇一九年美國整個證券市場的每日平均交易量。」

葛里芬身後的背景非常有機構特色：米白色完美對稱的牆面，下方是相配的米白色櫥櫃。他穿著西裝，兩邊等距的位置擺放著幾盆盆栽，葉片如同受驚的藤蔓般垂下。如果盆栽會說話，可能會尖叫，至少也會嗚咽抽泣。畫面呈現的整體視覺效果彷彿手療師診所的休息室，或是兜售可疑糖尿病藥物的資訊型廣告攝影棚。

隨著聽證會從開場陳述進入問答階段，葛里芬的耐心顯然快速流逝，也許超越平常的耗損程度。雖然部分問題可能立意良善，但是有更多問題似乎在無意中透露，國會委員會對 Citadel 的日常業務、金融體系的實際運作有多麼無知，在在顯示把葛里芬拖到他們面前，根本是浪費大家的時間。他們根本不懂葛里芬所玩的遊戲規則，遠遠超出自己的專業領域。

以一個絕對沒有以對手骨頭打造王座的人來說，葛里芬極盡耐心地解釋T＋二日流程，以及具競爭力的造市商價差等事務，說明 Citadel 證券如何透過最佳執行模型，為客戶節省數十億美元，可以想像發問者如同他身後的盆栽一般萎縮退卻。簡單的事實就是，科技日新月異，金融體系變得極度複雜，如果你沒有數十年來每天在業界打滾，就幾乎不可能真正了解葛里芬這樣的人如何維持經濟脈動。葛里芬彷彿來自高度文明的人類學家，他回到過去，接觸古代社會，而現在的情況是古代社會試圖破解、翻譯人類學家的複雜語言，但卻沒有相關經驗或工具，因此根本無法做到。

大概也是因為如此，大部分的怒火和攻擊都是以泰內夫與羅賓漢為目標，只有少數幾位國會議員有足夠的勇氣和葛里芬正面交鋒。泰內夫是顯眼的標靶，不僅因為他看起來平易近人、和藹可親，就像那種會自願在園遊會中坐上落水座位[8]的單純、友善年輕人，也因為羅賓漢的所作所為非常容易理解，以簡單明瞭的方式把自己坦露在陽光下，畢竟該公司的商業模式就是把原本應該令人望之卻步的事物，變得簡單、普及、平坦，甚至變成一場遊戲。

加州國會議員瓦爾加斯終於擱置羅賓漢背叛使用者的簡單論述，向葛里芬提問道：「自一月一日以來，貴公司有沒有任何人聯絡過羅賓漢？」

不過從葛里芬的反應可以看出，他似乎覺得這是一個愚蠢的問題，如果發問的是他的手下，那個人早就被煮來吃了。

「你是在問，我們是否聯絡過羅賓漢？」接著葛里芬以「這還用說」的語氣澄清道：「我們在日常業務的運作中，當然會例行與羅賓漢聯絡，我們經手該公司大量的訂單流。」

接著，議員試圖縮小範圍，明確地將問題化為指控：「你們是否與羅賓漢談及限制或採取其他措施，防止使用者買進遊戲驛站股票？」

葛里芬的回應夾帶著一絲怒氣，任何認識他的正常人都一定能察覺出來。

「我在此鄭重澄清，『絕對沒有』。」

葛里芬的回答非常堅定，在鏡頭切換前，他完全沒有眨眼，臉部表情也毫無變化，令人不禁懷疑他的網路是不是斷線了。

此外，向葛里芬提出的問題裡，與遊戲驛站相關者並不多。輪到議員拉希達．特萊布（Rashida Tlaib）站上虛擬演講台提問時，甚至完全沒有提到遊戲驛站：「我們都知道，最富有的一〇%人口擁有八四%的股票，事實上，有半數美國家庭並未持有股票。我提到這一點是為

8 譯注：原文為 dunking booth，是園遊會或派對裡常見的設施，由自願者坐在大水槽上方的座位上，旁邊連接標靶，另一人向標靶丟球，只要擊中目標，座位就會傾倒，讓自願者落入水裡，以達到娛樂或慈善的效果。

了強調，對我的許多選民來說，股市就只是富人的賭場……但當你們捅出婁子時，卻是他們要付出代價。」

接著，議員流暢地切入「高頻交易」的問題，也就是搶先市場的電腦交易策略，不過這個問題的答案極為複雜，葛里芬無法給出令她滿意的答案。

雖然議員針對與此次事件沒有直接關聯的金融操作手法提出重要論點，但是這一刻也顯現，葛里芬這樣的人物被要求出席這場聽證會有多荒謬。如果葛里芬是接受審判的對象（在這個情況裡，當然不是），他期望該由同儕陪審團負責審理，不過他和 Citadel 才沒有什麼同儕。

不存在的陰謀論卻形成完美風暴

瓦爾加斯議員的提問時間裡，在詢問葛里芬與羅賓漢的往來前，先提出一個問題：「葛里芬先生，現在有幾個人和你共處一室？」

葛里芬回答道：「包括我在內有五個人。」

議員以為自己點出重點所在：葛里芬這樣的華爾街執行長身邊總有西裝筆挺的團隊隨時做好準備，為他提供保護和建議，幫他擋掉浪費時間的愚蠢事情（例如毫無意義的聽證會），但這只是部分原因，葛里芬的團隊會隨侍在側，是因為他經手的事務極其複雜，與身邊的體系幾乎密不可分。

五個半小時的聽證會結束後，對於一月那一週的來龍去脈，顯然這些議員仍是一頭霧水，和召開聽證會前幾乎沒有兩樣。葛里芬無疑是事件的核心人物，因為葛里芬和Citadel是美國金融市場萬事萬物的核心。不過議員向他提出的問題並未釐清任何事，不是問題不對，就是根本沒有所謂正確的問題。

Citadel是否積極向羅賓漢施壓，指使該公司限制遊戲驛站股票的買進，這個問題很容易回答——當然沒有。何必呢？羅賓漢的結算保證金要求，就已經讓它別無選擇。

訂單流付款是否必然出現利益衝突，將羅賓漢的使用者變成產品？理論上是的，不過這又是誰的錯？是Citadel嗎？該公司以最高效率與最具競爭力的價格完成羅賓漢的訂單，這是它的營利之道。不然是羅賓漢嗎？該公司透過訂單流付款賺取利潤，也藉此為顧客提供免佣金的交易服務。還是使用者本身呢？他們不必付出一分一毫的佣金，就能投資股票獲利。

「高頻交易」或「搶先市場交易」是某種可疑、危險、不道德的操作嗎？老天，幾乎可以肯定是這樣沒錯，但是誰又真正懂得其中的原理？如果你全盤通透，大概就是業界人士，而不是試圖提出像樣問題來詢問葛里芬的外行提問者。

也許還是維持簡單易懂較好，有幾位議員碰觸到核心議題邊緣，他們真正應該問的問題是：

葛里芬到底為什麼投資梅爾文資本二十億美元，畢竟這家避險基金公司才剛在短短數天內損失半數資金？就算不把這種做法稱為紓困，不管普洛特金是多麼優秀的人才，葛里芬這樣的人物究竟為什麼要投資一家嚴重失血的避險基金公司？

葛里芬和柯恩的競爭關係，真的是投資梅爾文資本的充分動機嗎？就算這家避險基金公司最近才公開承受動搖根本的鉅額損失也在所不惜？

又或是葛里芬拉梅爾文資本一把有其他理由？有更深層的用意？

陰謀論幾乎絕對是錯的，葛里芬也作證表示並未向羅賓漢施壓，沒有要求該公司限制遊戲驛站股票的買進，以挽救梅爾文資本和其他大量賣空的避險基金，顯然他也不需要這麼做，羅賓漢面臨的結算保證金要求就已經讓它別無選擇。

不過有人可能會問，葛里芬和 Citadel 會不會完全預測到高額保證金，以及羅賓漢的必然反應？Citadel 難道不知道一月二十八日週四清晨，除非羅賓漢暫停遊戲驛站股票的買進權限，否則將無法達到保證金要求？如果 Citadel 這樣一家公司能夠透過搶先市場交易來營利，在這個情況下，難道 Citadel 不能搶先市場，預知事情發展嗎？身為在各方面得天獨厚的一家公司，難道不能運用這份資訊嗎？

如果議員問到正確的問題（如果正確的問題真的存在），葛里芬出席這場聽證會可能還有一些意義。即使無法完全撥雲見日，至少在了解遊戲驛站、梅爾文資本、羅賓漢及整體系統之間的牽連方面就能稍有斬獲。

不過事實就是如此，不太眨眼的葛里芬就和身後的兩盆盆栽一樣惜字如金。從各方面來看，眾議院金融服務委員會傳喚葛里芬，並不是要他回答遊戲驛站的相關問題，而是要證明還叫得動他。

葛里芬也撥出五個半小時，可能覺得這已經遠遠超過這荒謬的一刻應得的時間。

畢竟葛里芬不是什麼牆上貼著貓咪海報、桌上擺放著神奇八號球，窩在波士頓郊區地下室的年輕人；他是 Citadel 執行長，有一整個經濟體要經營。

第二十八章

源自更深層動機的一場革命

攝影機再次開啟。

「華特斯主席，謝謝妳……我很樂意向委員會說明我購入遊戲驛站股票的過程，以及我在社群媒體上談論的合理股價。沒錯，我投資該公司的報酬翻漲數倍，這一點我感到極其幸運。我也相信目前的股價顯示，我對該公司的評估是正確的……」

這一刻有種既超現實又像例行公事的氛圍；吉爾坐在地下室電腦桌前的《權力遊戲》人造皮革電競椅裡，對著大紅色的麥克風開口說話，身後的白板空無一物，只有他最愛的貓咪海報——一隻貓咪用前爪抓著樹枝，圖案下方的標語寫著「撐下去！」

「先澄清我的身分。我不是貓咪、不是機構投資者，也不是避險基金……」

也許是為了表示嚴肅看待今天的場合，吉爾沒有繫上紅色頭巾，而是把頭巾掛在海報邊緣，在鏡頭中一覽無遺。此外，他今天也沒有穿著五顏六色、印著貓咪圖案或電玩遊戲口號的T恤，而是換上燙得直挺挺的西裝外套，緊緊繫著領帶。確實，這件西裝彷彿剛從洗衣店的塑膠套中拿出，而領帶散發嶄新的光澤，如果翻到背面，可能會發現標籤還沒剪掉。吉爾無疑嚴肅看待今天的場合，雖然他不像普洛特金那樣，神色彷彿被車頭燈嚇到的小鹿，但就像知名兒童節目的歌詞所唱的：「其中有一個人和其他人不一樣。」吉爾顯得格格不入。

「我只是一個投資遊戲驛站的人，我的投資和在社群媒體上發布文章，都是根據自己的研究與分析……」

吉爾有別於這群見多識廣的專業人士，這種格格不入的感覺從國會聽證會公布證人名單時就開始浮現：泰內夫，羅賓漢市場股份有限公司執行長；葛里芬，Citadel有限責任公司執行長；普洛特金，梅爾文資本管理有限合夥公司執行長；史蒂夫·霍夫曼（Steve Huffman），Reddit執行長暨共同創辦人。

還有吉爾。

沒有職稱、沒有令人欽佩的頭銜，連標示親切的「麻薩諸塞州布羅克頓子弟」都沒有，就只是一個叫做吉爾的人。

一本初衷，始終堅持自己的投資策略

「我根據完全公開可得的資訊，歸納出兩個重要因素，因此相信遊戲驛站的股價遭到低估。首先，市場低估遊戲驛站傳統業務的前景，高估該公司破產的機率。我從小就玩電玩遊戲，並光顧遊戲驛站，也打算繼續在這家店消費……」

雖然羅賓漢使軋空洩氣，GME股價一落千丈，但是這位老兄「帳面上」的資產仍接近兩千萬美元。

「其次，遊戲產業快速成長，產值高達兩千億美元，我相信遊戲驛站有改頭換面的潛力，成為遊戲玩家的終極據點……」

儘管吉爾暫停發布YOLO更新，來應付軋空事件的餘波（畢竟這一切可說是他起的頭），也暫停發布新的YouTube影片，抽出時間陪伴家人，並躲避大眾注目，但是就連曾經立志成為職業運動員的他也未曾想像會受到這種程度的關注，不過他的論點並未改變，對遊戲驛站的信心也不曾動搖。要不是媒體過於緊迫盯人，他很可能會一如往常在鏡頭前展現自己對GME的熱愛，不管觀眾是不是國會議員。

「當我在社群媒體平台上和其他個人投資者討論遊戲驛站時，我們的對話無異於人們在酒吧、高爾夫球場、家中討論股票……」

吉爾一直相信，展現對遊戲驛站這樣一家公司的熱愛何錯之有？這是展現美國價值再公正、合法不過的做法，而這樣的看法在未來也不會改變。

如同吉爾在眾議院金融服務委員會開場陳述的尾聲，對著數百萬可能正在觀看直播的觀眾，以及這場事件裡其他初次「會面」的人物——普洛特金、泰內夫、葛里芬所說的，他透過「社群媒體平台」和其他人交流，而非站在華爾街公司董事會會議室裡，或是透過 Zoom 與分析師或投資組合經理團隊討論，但兩者其實沒有任何差別。

「有人說我利用社群媒體，向不知情的投資者推銷遊戲驛站股票並影響股市，這完全是無稽之談。」

吉爾，這個曾經能在四分多鐘內跑完一英里的跑者，卡車司機和護理師之子，一個成年人生大半在失業中度過的人，能成功哄騙任何人購買遊戲驛站股票嗎？

「我的文章並未引發數十億美元湧入遊戲驛站股票的運動。」

吉爾怎麼可能憑藉一己之力發起革命，幾乎搏倒華爾街的大型避險基金公司？

這樣的想法太可笑、太荒唐了，這樣的一場革命來自更深層的地方，比「大猩猩」和「智障」聚集的不入流 Reddit 看板還深；這樣的一場革命來自更深入的地方，比布羅克頓某位老兄在地下室進行的深度研究更深。

吉爾在聽證會中幾乎沒有回答幾個問題，畢竟他算是哪根蔥？在終於撐過五個半小時的會議，結束作證後，他關上攝影機，瞄了一下華爾街賭場板一則又一則的留言，接著又將畫面切換到交易帳戶。

當吉爾看著GME這支美妙的股票代碼（目前仍持有五萬多股），知道接下來要怎麼做。

加碼買進。

因為即使發生這一切，他還是很喜歡這支股票。

第二十九章

隱身幕後的真正贏家

麥迪遜大道五百四十號三十二樓。

距離普洛特金的梅爾文資本不遠，大概是五棟建築以外的距離，也比梅爾文資本高出十層樓。這間辦公室也採用類似風格，以玻璃與不鏽鋼作為主要裝潢材料；同樣空無一物、悄無人聲又陰暗。這是空蕩摩天大樓汪洋裡的另一艘鬼船，如舷窗般的觀景窗外，盡是一片冰冷死寂的景色。另一個了無生氣的中樞，猶如死屍的心臟，不過和梅爾文資本一樣，屍體的循環系統仍勉力運作，血管、微血管如輪輻般，連向世界各地的臨時辦公室與別館。

Senvest 管理（Senvest Management）執行長理查．馬沙爾（Richard Mashaal），位於其中一間臨時辦公室或別館裡，他看著電腦，往後靠坐，終於放鬆臉部、肩頸的肌肉。他的外表通常打理得時髦而整潔，不過此時有些不修邊幅；頭髮一團亂，襯衫上有一顆鈕扣鬆開了，左袖捲到手臂上方，而原本披在椅背上西裝外套也掉落在地，但是他一點也不在意。他看起來彷彿剛打完一場硬仗，這也難怪，因為他剛經歷一場金融大會戰。這是影響深遠、改變職涯的一次經驗，不過不像五棟建築物以外的普洛特金，馬沙爾是勝利的一方，他大獲全勝，這次戰績將列入華爾街史上數一數二優秀的一場交易。

和其他眾多華爾街基金公司執行長不同，馬沙爾並不是知名人物。「馬沙爾」不是什麼家喻戶曉的名字，即便在避險基金的菁英圈裡，也沒有特別出名。默默無聞是他刻意選擇低調的結果，馬沙爾和 Senvest 管理共同投資長布萊恩．戈尼克（Brian Gonick）不太與避險基金圈打交道。一九九〇年代初，他們的公司向親朋好友募得區區五百萬美元種子基金，到疫情前已滾出相對不多卻仍令人欽佩的二十億美元。

由於該公司的投資特性與眾不同，疏遠圈內人可說是必然的結果。在公開發行的股票交易方面，他們採取反其道而行的策略，這是非常小眾的做法；他們尋找並投資別人不看好、不屑一顧、不了解、不喜歡的股票，這種策略的風險相當高。投資其他多數基金避之唯恐不及，甚至選擇賣空的公司是非常不穩定的策略，因此公司的資產負債表總是大起大落。該公司獲利曾經跌破季線，甚至年線，不過只要馬沙爾和團隊押對寶，報酬就會相當驚人。逆勢而為的投資者不需要每次都押對邊，因為只要猜中一次，就能收穫爆炸性的利潤。

馬沙爾逆風而行的習慣，大概與他的背景有關，他在加拿大蒙特婁長大，不是紐約本地人。他的父親是一位企業家，在加拿大引進世界各地眾多零售商店中，服飾類商品衣袖或內襯常見的小型防盜裝置，以此建立財富。馬沙爾自華頓商學院和芝加哥大學畢業後，回到加拿大專心打理家族企業的上市股票部門，後來自行成立基金公司——Senvest 管理，名稱取自父親的「sensormatic 安全扣」，總部設立於世界金融中心紐約。

雖然接下來十年，Senvest 管理幾次較為人所知的獲利主要來自賣空（尤其是做空 Insys Therapeutics，這家生醫製藥公司疑似向不道德的醫生提供回扣，推銷一種合成吩坦尼止痛藥），不過馬沙爾和戈尼克其實對於發掘璞玉更有興趣，也就是遭其餘華爾街基金背棄但仍有轉型潛力的公司。當 Senvest 管理選擇做多時，不會只在場邊旁觀祈禱，而是喜歡親自下場。當他們買入股票，就會認真看待自己公司股東的身分，積極參與公司管理，協助將公司推回正軌，創造雙贏。

低調進場，推動持股公司轉型

當馬沙爾、戈尼克和 Senvest 管理團隊在二〇二〇年九月初注意到遊戲驛站這家公司時，當時股價約在六至七美元間徘徊，而且股價低迷並非毫無原因。當世界快速步入數位時代，遊戲驛站還陷於實體泥淖中：實體商店、實體遊戲卡帶與光碟、實體塑膠主機。公司管理似乎也陳舊而目光短淺，未能利用遊戲產業快速成長的天然優勢。難怪股票的賣空量那麼龐大，任何人只要讀過商業教科書，遠在數千英里外都能看出，這家公司就像冰塊，價值不斷消融。

不過，馬沙爾與戈尼克也嗅出轉機。和貝瑞所見略同，微軟 Xbox 與索尼 PlayStation 都將推出新一代遊戲主機，而且是實體主機，因此消費者必須透過商店購買，不能透過神通廣大的網路直接付費下載。其次，也許更重要的一點是，曾在產值數十億美元的寵物用品線上供應鏈中，擊敗亞馬遜的電子商務天才科恩也投資遊戲驛站股票，更親身跳入混戰，向遊戲驛站董事會發出疾言厲色的公開信。

對 Senvest 管理團隊來說，這就像一片虧損赤字中的兩道曙光，顯示轉型的機會不全然虛無飄渺。此外，當時的瘋狂賣空量已接近流通在外股數的一〇〇%。這種現象本身就很有吸引力；這些賣空者都需要借入股票才能賣空，而 Senvest 管理可以透過出借股票來獲得穩定報酬。

因此馬沙爾做出決定，Senvest 管理團隊開始買進。一開始相當低調，因為基金公司最不想讓別人知道自己正在買進價值被低估的股票。一點一點持續買進，剛開始部位還小，不至於影響股價。二%，接著是三%，隨著馬沙爾和戈尼克越來越有信心自己撿到寶，繼續買進的決心就更堅定。

當持有股份來到五％時，依規定必須向證交會提交報告，揭示持有部位，也就是公開自己的投資動向，不過當時他們對遊戲驛站的興趣仍未引起太大關注，也許是因為當時商業媒體的注意力，全都放在華爾街賭場板鄉民與梅爾文資本的鬥爭劇碼。一家來自蒙特婁，命名自防盜扣的基金公司，哪裡比得上大衛迎戰歌利亞巨人的精采好戲。

到了股價開始上漲時，Senvest 管理已取得約七％的流通在外股數。雖然比不上科恩投資的金額，不過也足以對公司治理提出意見，於是依照慣例，馬沙爾及其團隊立刻著手開始推動公司轉型。到了二〇二〇年底至二〇二一年初，他們努力說服遊戲驛站別再反抗科恩，而是延請他進入公司。Senvest 管理的投資已翻漲兩、三倍，知道由科恩協助掌管公司，遊戲驛站真的有機會成功轉型，成為電子商務巨擘，而不是逐漸走入歷史的實體企業。

精準掌握出場時機，獲利了結

一月十一日新聞發布，遊戲驛站管理階層聽從 Senvest 管理的建議，邀請科恩正式加入董事會，馬沙爾知道引信已正式點燃，股價也開始起飛，一月十三日邁入三十美元大關，隔天又衝破四十美元，Senvest 管理押對寶了，再無疑義。現在的問題是：順風會吹多久？

知道何時該獲利了結，也許是投資最困難的一部分。馬沙爾身為做多的一方，隨著股價上漲，他猜不透普洛特金和梅爾文資本的想法，對方從遊戲驛站每股約四十美元時開始做空這家公司，隨著股價跌到五美元，梅爾文資本也一路獲利，原本可以見好就收，大賺一筆，不過卻莫名其妙等到股價漲回四十美元以上仍未回補，甚至還加碼賣空。

馬沙爾不打算犯下同樣的錯誤，到了一月二十五日那週之初，軋空行情已全面點燃，他提醒交易團隊準備獲利了結。

選擇出場時機既需要精準科學，也是一門藝術。在這個特殊案例中，在這場戰役的高峰，出場時機猶如敵艦射出的大炮般清晰。

馬斯克在一月二十六日下午四點零八分發布推文：「**遊戲驛站發大財！！**」使得股價快速竄升，逼退所有仍苦撐的空頭部位，引發後續羅賓漢、Citadel 及陰謀論指涉各方人士的混亂情況，對馬沙爾來說，這則推文就是再明顯不過的訊號。

馬沙爾告訴交易員，這是高點態勢，就在此時開始釋出大量股份。

從隔天上午的盤前交易開始，所有人都密切關注遊戲驛站。馬沙爾的團隊分散在全國各地的辦公桌前，他和戈尼克透過電子郵件、簡訊及 Zoom 指揮作戰，團隊開始高速倒貨。

到了當天下午，Senvest管理已完成出場，賣出所有股份，獲利高達七億美元，全都來自單一一檔股票。

在平常的情況下，剩下的一天可以盡情慶祝。香檳軟木瓶塞到處飛舞，樂音震耳欲聾，交易員爬到桌上跳舞，甚至踢翻一、兩台彭博終端機。

不過此時馬沙爾獨自一人坐在桌前，等一下會到海邊騎自行車，也許開始規劃公司旅遊，請員工到帕克城（Park City）滑雪，那會是自疫情襲來後，同事們第一次碰面。

馬沙爾坐在桌前，已經開始設想未來，思考公司的下一步。當一切陷入瘋狂，Senvest管理也還沒賣出部位時，一位年輕的交易員曾告訴馬沙爾，Reddit板上的業餘交易員把獲利叫做「嫩雞柳」。

七億美元的獲利大概是一整隻雞了；不過有意思的是，那麼美味的東西，即便吃了再多，你一點都不覺得撐。

只會想要更多。

後記

後革命時代的股市

二月十九日，撼動世界的軋空事件國會聽證會隔天，吉爾兩週以來首度在華爾街賭場板上發布YOLO更新。根據文章所附的截圖，他為自己的證詞加上驚嘆號——投入更多錢為他不動搖的信心背書，他相信遊戲驛站才剛踏上邁入數位時代的旅程，現在還遠遠不到驚奇之旅的尾聲。雖然羅賓漢的措施可說澆熄華爾街賭場板引燃的軋空行情，GME股價從每股將近五百美元的高點驟跌到四十多美元，不過吉爾透過貼文表示，他和以往一樣看好，因此加倍買進，持股現來到十萬股，還有一百五十萬美元的買權。

從吉爾發布文章後幾週、幾個月的GME股價動向，可以看出深愛這支股票的不只他一個人；雖然接下來幾天，股價都穩定維持在四十美元左右，不過到了那週尾聲，GME開始再度飆高。二月二十三日週二收盤價接近每股四十五美元，二月二十六日當天高點飆至驚人的一百四十二·九美元，突然上漲的原因不明，可能和以下幾點有關：吉爾的不離不棄，鼓舞華爾街賭場板的信心，當時訂閱人數已接近一千萬人。此外，遊戲驛站財務長吉姆·貝爾（Jim Bell）辭職，可能代表公司治理將改採前瞻策略，更加符合科恩及其支持者懷抱的數位夢想。科恩本人也在二十四日下午一點五十七分發布一則令人費解的推特推文，內容只有一張麥當勞（McDonald's）蛋捲冰淇淋的照片和一個青蛙表情符號。雖然科恩並未說明照片用意，但有許多人推斷他是在昭告天下，表明自己將要整頓遊戲驛站，就像麥當勞下定決心解決冰淇淋機經常故障的問題一樣。

無論原因為何，GME雲霄飛車再次啟動。接下來十二週，股價一度擺盪到兩百八十三美元的高點，大起大落的態勢持續。隨著更多新聞發布，顯示遊戲驛站的公司管理似乎終見曙光，基本面即將有所整頓，以便趕上突然飆升的股價。為此，遊戲驛站賣出三百五十萬股自家股票，籌措超過五億美元，用以減輕債務負擔，投資構築以網路為中心的未來。遊戲驛站執行長喬治·薛曼（George Sherman）宣布下台，據報帶走高達一億七千九百億美元的離職金，不過這是因為股價飆高，並不是表現優異的結果，而科恩即將接任董事長，顯示管理階層有意把握時機，推動遊戲驛站轉型，以躍升為電子商務巨擘為目標，吉爾一直看好他們的潛力。

在我寫作的同時，股價落在健康的一百五十九．四八美元，公司市值超過一百一十億美元。這樣的市值是否合理還有待觀察：如果吉爾料想的沒錯，如果遊戲驛站達成目標，成為電玩遊戲界的亞馬遜，而不是百視達那樣的懷舊實體商店，就能持續支撐高股價；又或是賣空者一直以來判斷得沒錯，Reddit的共同大夢終將消散，股價將跌回凡塵。

不過，更大的問題可能是：遊戲驛站管理階層的所作所為真的有那麼大的影響嗎？顯然在今後的世界裡，社群媒體上的一群業餘投資者就能撼動股市，遊戲驛站的基本面，或說任何公司的基本面，還會和股價有任何關聯嗎？

在這樣的世界中，精妙的推文、幽默的哏圖，或是鼓舞人心的YOLO文章，就能為某家公司的市值揭注數十億美元。

在遊戲驛站的後革命時代，還會有消融的冰塊嗎？還是每支股票，甚至是股市本身，更像自由飄逸的氣球？

當你戳破氣球時，它不會馬上墜落地面，而是會胡亂噴射，有時衝飛到極高的地方，失控旋轉、起伏不定，等到最後完全洩氣，才會飄落地面；又或者氣球可能違抗一切道理和理性，搭上一陣強風，乘風而去，不再回頭。

致謝

首先，感謝我的孩子艾許和艾莉亞，我們每次路過或開車經過遊戲驛站，他們總拉著我入店光顧。當這起事件剛登上新聞版面時，好多友人紛紛打電話給我，他們說：你天生就該寫作這則故事，那時我早就蓄勢待發。我也要感謝優秀的經紀人艾瑞克・西蒙諾夫（Eric Simonoff）和麥特・斯耐德（Matt Snyder），他們是打電話給我的其中兩人，敦促我深入研究這起錯綜複雜的事件。感謝厲害的編輯韋斯・米勒（Wes Miller），他在這奇異的一年日夜不休，為我帶來職涯中一次美妙的寫作體驗；感謝安迪・多德斯（Andy Dodds）協助在此不尋常的時期，籌劃一系列新書宣傳會。感謝我在好萊塢的傑出團隊：帕姆・阿拜（Pam Abdy）、凱蒂・馬丁・凱利（Katie Martin Kelley），還有自《擊破賭城》（*Busting Vegas*）以來就一路協助我的麥可・狄路卡（Mike Deluca），感謝他們的信心、鼓勵與創意，也要謝謝大製片人亞倫・瑞德（Aaron Ryder），他的電影多年來一直是為我帶來驚奇刺激的泉源。非常感謝我們的編劇蘿倫・舒克・布倫（Lauren Schuker Blum）和蕾貝卡・安潔羅（Rebecca Angelo），我等不及拜讀妳們改編本書的成果。

消息來源是本書成敗的關鍵，我很幸運有許多人不吝提供協助與洞見，他們多數必須保持匿名。特別感謝羅絲・格伯（Ross Gerber），謝謝妳告訴我許多特斯拉和金融的相關資訊。我也要感謝推特大師班・韋爾曼（Ben Wehrman），更要謝謝推特與 Reddit 平台本身，以及它們提供的眾多資源，本書得以誕生，你們功不可沒。

一如以往，最重要的是，唐雅（Tonya），謝謝妳，妳是我的祕密武器。謝謝艾許、艾莉亞、巴格西、貝果（Bagel）和我的父母，因為有你們，這一切才值得。

國家圖書館出版品預行編目資料

軋空風暴：GameStop散戶起義如何逆襲華爾街，掀起史詩級金融震盪？/ 班・梅立克 (Ben Mezrich) 著；林怡婷譯 . -- 初版 . -- 臺北市：商周出版：英屬蓋曼群島商家庭傳媒股份有限公司城邦分公司發行 , 民 111.03

面；　公分 . -- (新商業周刊叢書 ; BW0795)

譯自：The Antisocial Network : The GameStop Short Squeeze and the Ragtag Group of Amateur Traders That Brought Wall Street to Its Knees

ISBN　978-626-318-152-6（平裝）

1.CST：遊戲驛站 2.CST：金融危機 3.CST：基金 4.CST：消費者行為

561.952　　111000496

新商業周刊叢書 BW0795

軋空風暴

GameStop散戶起義如何逆襲華爾街，掀起史詩級金融震盪？

原文書名／The Antisocial Network: The GameStop Short Squeeze and the Ragtag Group of Amateur Traders That Brought Wall Street to Its Knees
作　　者／班・梅立克（Ben Mezrich）
譯　　者／林怡婷
編輯協力／蘇淑君
企劃選書／黃鈺雯
責任編輯／黃鈺雯
版　　權／黃淑敏、吳亭儀、林易萱、江欣瑜
行銷業務／周佑潔、林秀津、黃崇華、賴正祐

總 編 輯／陳美靜
總 經 理／彭之琬
事業群總經理／黃淑貞
發 行 人／何飛鵬
法律顧問／台英國際商務法律事務所　羅明通律師
出　　版／商周出版
台北市中山區民生東路二段141號4樓
電話：(02) 2500-7008 傳真：(02) 2500-7759
E-mail：bwp.service@cite.com.tw
Blog：http://bwp25007008.pixnet.net/blog
發　　行／英屬蓋曼群島商家庭傳媒股份有限公司城邦分公司
台北市中山區民生東路二段141號2樓
書虫客服服務專線：(02)2500-7718・(02)2500-7719
24小時傳真服務：(02)2500-1990・(02)2500-1991
服務時間：週一至週五09:30-12:00・13:30-17:00
郵撥帳號：19863813　戶名：書虫股份有限公司
讀者服務信箱E-mail：service@readingclub.com.tw
歡迎光臨城邦讀書花園　網址：www.cite.com.tw
香港發行所／城邦（香港）出版集團有限公司
香港灣仔駱克道193號東超商業中心1樓
Email：hkcite@biznetvigator.com
電話：(852)2508-6231　傳真：(852)2578-9337
馬新發行所／城邦(馬新)出版集團 【Cite (M) Sdn. Bhd.】
41, Jalan Radin Anum, Bandar Baru Sri Petaling,
57000 Kuala Lumpur, Malaysia
電話：(603)90578822　傳真：(603)90576622
Email：cite@cite.com.my

封面設計／萬勝安　內文排版／唯翔工作室
印　　刷／鴻霖印刷傳媒股份有限公司
總 經 銷／聯合發行股份有限公司　電話：(02) 2917-8022　傳真：(02) 2911-0053
地址：新北市新店區寶橋路235巷6弄6號2樓

■ 2022年（民111年）3月初版　Printed in Taiwan

城邦讀書花園
www.cite.com.tw

定價／450元（紙本）　315元（EPUB）
ISBN：978-626-318-152-6（紙本）
ISBN：978-626-318-172-4（EPUB）